VENCER EL MIEDO, ABRAZAR LA VIDA

Una historia real de dolor, coraje y amor verdadero

CAROLINA HULETT

Título de la obra: Vencer el miedo, abrazar la vida

© Carolina Hulett, 2025.

ISBN: 9798999034212

Agradecimientos

A mis hijos, por ser mi fe, mi motor, mi esperanza y mi mayor inspiración. Gracias por darme fuerza incluso en los momentos en que sentía que ya no podía más.

A Mark, mi amado esposo, por enseñarme que el amor verdadero puede ser refugio, respeto, paciencia y alegría. Gracias por ser mi compañero, mi sostén y mi nueva oportunidad de creer en la vida.

A Chantilly, mi compañera incondicional de cuatro patas, por su amor silencioso y su lealtad infinita, que fueron consuelo y alegría en los momentos más duros.

A Mari y Elena, amigas de alma, por ser un abrazo en los días de llanto y en los de celebración, y por recordarme que nunca estuve sola.

A Ana, por su cariño, su apoyo y el amor con el que cuidó de mis hijos en momentos en que más lo necesitábamos.

A mis terapeutas Mirella, Irene y Ángela, por tender puentes hacia mi sanación cuando creía que no había salida.

A mi madre, a mis hermanas y a toda mi familia, por su amor incondicional, su fe en mí y su apoyo silencioso desde la distancia.

A RespiraVida - BreathWorks, por ayudarme a volver a mí, a reconectar con mi cuerpo, con mi vida y con mi esencia.

Un agradecimiento especial a Manuel de la Cruz, creador del bestseller "Cómo vender sin vender", quien no solo acompañó este proyecto como editor, sino también como mentor y espejo de posibilidades.

Su mirada, su guía generosa y su creencia firme en este libro fueron faros en los momentos en que la claridad parecía escaparse.

Y a cada una de las personas que, de alguna manera, formaron parte de mi reconstrucción: a quienes me escucharon, me sostuvieron, me abrazaron y creyeron en mí en los momentos más difíciles.

También agradezco, con humildad, a quienes me fallaron, porque sin saberlo me empujaron a encontrar mi verdadera fuerza.

Gracias, de corazón.

Prólogo

Una carta para ti que estás leyendo esto

No sé en qué momento de tu vida has llegado a este libro. Tal vez buscas respuestas, alivio, dirección... o simplemente algo que le dé sentido a todo.

Lo que sí sé es que no llegaste aquí por casualidad.

Este no es un libro para aprender más. Es un espacio para recordar lo que ya sabes en lo más profundo de ti.

Cada palabra nació de mi búsqueda, de mis caídas, de mis silencios... y de los pequeños milagros que me sostuvieron cuando todo parecía deshacerse.

No quiero enseñarte nada. Quiero caminar contigo.

Este libro es un abrazo en forma de palabras. Una lámpara en medio de la niebla. Un espejo para que puedas verte, sin juicios, tal como eres: completo, inocente, digno de amor.

Gracias por abrir estas páginas. Gracias por confiar en ti lo suficiente como para empezar este viaje.

Con amor,
Carolina

Nota de la autora

Para proteger la identidad y la privacidad de las personas involucradas en esta historia, algunos nombres y detalles identificativos han sido modificados.

Los hechos narrados son reales. Los sentimientos, las heridas y el renacimiento que aquí comparto pertenecen a mi verdad.

Gracias por acompañarme en este viaje hacia la verdad y la libertad.

Carolina Hulett

Índice

Introducción

Un espacio para volver a ti

No escribí este libro para que lo leas de principio a fin de una sola vez. Lo escribí para que lo camines, lo respires, lo sientas.

Cada capítulo es una estación en un viaje hacia dentro de ti. No solo encontrarás ideas. Encontrarás también ejercicios prácticos, pensados para ayudarte a integrar cada mensaje en tu vida diaria.

No son tareas para completar. Son llaves. Llaves que abren puertas internas. Llaves que quizás, como me pasó a mí, hubieras querido tener en los momentos en que más lo necesitaste.

Este libro puede ser simplemente una lectura... o puede convertirse en tu propio manual de transformación. La elección siempre será tuya.

Mi deseo es que, al recorrer estas páginas, recuerdes que todo lo que estás buscando ya vive dentro de ti.

Una guía amorosa

Cada capítulo es una estación en un viaje hacia dentro de ti. Te invito a leer cada parte con calma, como quien escucha a una voz amiga.
Deja que las palabras bajen del pensamiento al corazón.

Encontrarás no solo historias, sino también ejercicios prácticos: pequeños rituales de transformación, llaves que abren puertas internas.

No los veas como una obligación. No hay forma correcta ni incorrecta de realizarlos. Son tuyos. Permítete vivirlos a tu ritmo.

Recuerda: tu proceso es único. Tu ritmo es perfecto.

Vuelve a este libro cuando lo necesites. Cada regreso traerá una nueva respuesta.

Aviso amoroso:

Los ejercicios no son un añadido. Son el alma de esta obra. Están diseñados para acompañarte en el cruce más importante: del entendimiento a la experiencia, del concepto al cambio real.

No subestimes su poder por su aparente sencillez. Si los abrazas, este libro puede convertirse en tu manual interno de transformación, en tu compañero silencioso en los días luminosos… y también en los días difíciles.

Estás acompañada. Siempre lo estuviste.

Capítulo 1

El amor no duele, el control sí

"Hay jaulas tan bonitas que creemos que son hogares."

Cuando lo conocí, creí que al fin había llegado alguien que quería compartir la vida conmigo. Iván era atento, presente, se mostraba interesado por todo lo que hacía. Me acompañaba al supermercado, a la farmacia, hasta a visitar a mi madre. "Así debería ser el amor", pensaba. Cercano, compartido, constante.

Pero lo constante se volvió asfixiante. Lo cercano, una vigilancia. Y lo que antes compartíamos, una pérdida de privacidad.

Al principio, no lo vi. Yo venía de relaciones distantes, frías, sin compromiso. Así que interpreté su control como cuidado. Su insistencia en acompañarme como amor. Su necesidad de saber dónde estaba, con quién y para qué, como preocupación. Tardé mucho en entender que no era amor, era una jaula.

—Si sales sola, ¿para qué estás en pareja? —me decía.
—¿Por qué necesitas ver a tus amigas, si me tienes a mí? —me preguntaba.

Y con cada frase de esas, me iba alejando de todos... de todo... de mí.

Dejé de ir a reuniones familiares. Mis amigas se cansaron de invitarme. Empecé a decir que estaba ocupada, que los niños, que el trabajo. Mentiras pequeñas para tapar un miedo grande: el miedo a provocar su enojo.

En la tienda que teníamos juntos, yo ya no opinaba. Si lo hacía, él respondía con desdén o me corregía frente a los empleados. "Tú no entiendes de negocios", decía. Y yo bajaba la cabeza. Me decía que era sensible, que me tomaba todo a pecho. Así, con cada gesto y con cada palabra, me iba reduciendo. Yo, que antes era fuerte, segura, creativa... ahora era chiquita, muda, obediente.

Después vinieron los niños. Y con ellos, el verdadero infierno... aunque aún no lo sabía.

Ejercicio terapéutico:

"Identificando los primeros signos de control"

Tómate 3 minutos para escribir en una hoja o en tu celular:

- ¿Qué comportamientos normalicé en mi pareja que ahora reconozco como control?

- ¿Qué dejé de hacer, de decir o de ser por miedo a su reacción?

Respira profundo. Respira con conciencia.

Lo que no se nombra, se repite.

Lo que reconoces, puedes transformar.

Capítulo 2

Callar para no romperlo todo

*"Callar para mantener la paz es comenzar una
guerra dentro de ti."*

Después del primer grito, no dije nada.

Fue un día cualquiera. Discutíamos por algo sin
importancia, algo de los niños, ni siquiera recuerdo qué.
Iván subió la voz de golpe. Me gritó tan de cerca que
sentí el calor de su aliento. Me quedé quieta. Giré la
cabeza y vi a los niños jugando, ajenos… o fingiendo
estarlo.

No pasó más. No me tocó. No rompió nada. Solo gritó.

Y cuando se calmó, me lanzó esa frase que se volvería
un lema silencioso en nuestra relación:

—Tú sabes cómo me pongo. No me provoques.

Ahí comenzó el principio del fin. Y, sin embargo, fui yo
quien se culpó. En lugar de identificar la violencia, pensé
que debía cuidarme de no detonarla.

En mi cabeza, esas palabras se convirtieron en órdenes:

—No lo enfrentes
—No lo contradigas
—No lo enojes

Empecé a caminar sobre vidrio en mi propia casa, midiendo cada palabra como quien pisa un campo minado. Todo lo que decía o hacía, pasaba por el filtro de su humor. Evitaba hablar de ciertas cosas. Me corregía antes de abrir la boca. Mi voz se moría antes de alcanzar el aire.

Poco a poco, me fui apagando dentro de mí misma. A veces, me encontraba pidiendo disculpas por cosas absurdas: por hablar muy fuerte, por no reírme a tiempo, por quedarme callada, por no adivinar lo que esperaba de mí. Por ser yo.

Cuando llegaron los niños, quise creer que algo cambiaría. Que ser padre lo haría más paciente, más humano. Pero ocurrió lo contrario. Si lloraban, se alteraba. Si hacían ruido, gritaba.

No hacía falta gran cosa: un llanto breve, una pelea inocente, un juguete rodando por el suelo como una provocación involuntaria. Y entonces el aire cambiaba. Se volvía denso, irrespirable.

Bastaba un instante para que la tensión lo llenara todo, como una tormenta silenciosa a punto de estallar. Él mismo lo decía: una vez que comenzaba, era como si algo más fuerte que él tomara el control de sus acciones. Y yo… debía pagar las consecuencias.

En varias oportunidades le mencioné a su madre algunas situaciones que me preocupaban. Ella respondía con frases bíblicas, diciendo que "a los niños hay que corregirlos con vara" y que quizá yo era demasiado permisiva.

Aquello me dejó aún más sola. Así aprendí a moverme despacio. A bajar la voz. A detener el tiempo si podía. A intentar apagar con mis manos temblorosas un incendio que aún no había prendido.

Después venía la calma. El hombre arrepentido. El papá cariñoso.
El que les compraba dulces. El que me decía: "Perdón, tú sabes cómo me estreso."

Y yo... callaba. Callaba por miedo, sí. Pero también por vergüenza. Porque sabía que si contaba lo que pasaba, tendría que tomar decisiones que no me sentía lista para tomar.

Dentro de mí, vivía una guerra que no se veía: Quería proteger a mis hijos. Quería mantener la familia. Quería que todo se arreglara.
Y en esa maraña de deseos imposibles, me rompía un poco más cada día.

En mi mente, construir una familia había sido siempre un acto de amor, de resistencia. ¿Cómo podía aceptar que, para salvarla, tenía que romperla?

La vergüenza me susurraba que aguantar era noble. La culpa me recordaba que una madre no se rinde. Y yo, atrapada entre ambos, me hacía invisible para sobrevivir.

Callé para no romperlo todo. Pero, en el silencio, fui yo quien terminó rompiéndose.

Ejercicio terapéutico:

"Lo que no dije"

- Escribe una carta (no tienes que enviarla) a la persona que te hizo callar.

- Dile todo lo que te guardaste. Palabra por palabra. Lágrima por lágrima.

- Cuando termines, léela en voz alta si puedes.

- Luego decide:

  ¿La guardas como prueba de tu fuerza?

  ¿La rompes como acto de liberación?

Recuerda:

Escribir es empezar a volver a ti.

Tú también mereces ser escuchada

Capítulo 3

Cuando gritas y nadie te oye

"El silencio también grita, pero nadie lo escucha si tú no lo rompes."

Iván no necesitaba golpear para hacer daño. Bastaba con su mirada, su tono cortante, ese silencio envenenado que dejaba flotando tras cada estallido.

La casa era un campo de tensión suspendida, donde un suspiro, una carcajada o un error podían convertirse en detonadores invisibles.

Yo vivía caminando sobre puntas.

Si la casa estaba desordenada: gritos.

Si los niños hacían ruido: gritos.

Si yo respondía sin "el tono adecuado": gritos.

Lucas era puro movimiento: energía desbordada, curiosidad incansable, sensibilidad a flor de piel. Para mí, era un niño con luz. Para Iván, un problema.

Lo llamaba "incómodo", "necio", "terco". A la mínima provocación, explotaba contra él.

Una vez, lo alzó del pecho y lo empujó contra la pared solo porque había roto un vaso jugando. Yo me interpuse, grité, lo enfrenté... y luego retrocedí, aterrada por su rostro, por lo que era capaz de hacer.

Sentí el grito trepándome por la garganta, pero también sentí algo peor: la parálisis. Una parálisis que no era nueva. Desde niña, los gritos me congelaban.

La primera vez que lo sentí fue cuando tenía unos siete años. Un tío, normalmente tranquilo, tenía un trabajo estresante. Cuando dormía, odiaba ser despertado.

Recuerdo haber hecho ruido accidentalmente, una tarde... Su grito estalló como un rayo en la casa. El miedo fue tan abrumador que mi cuerpo se desbordó: me hice pipí encima, sin poder controlarlo.

No era solo miedo. Era un terror que llegaba hasta los huesos. Un congelamiento interno, como si cada célula supiera que el sonido anunciaba peligro.

De adulta, ese reflejo seguía allí. Ya no mojaba mi ropa. Pero los gritos me dejaban igual de inmóvil. Un terror primitivo, silencioso, agazapado, que he tenido que trabajar durante años para sanar.

He aprendido a reconocer que quien grita también carga heridas. He aprendido a sostenerme. Pero durante mucho tiempo... simplemente me quedaba congelada.

Y en ese entonces, en esa casa, ese viejo terror era mi compañero diario.

Noah, el menor, se volvía cada vez más callado.

Observaba todo. Procesaba en silencio. Se esforzaba por no equivocarse. Por no "molestar" a su papá. Vivía en alerta, igual que yo.

Yo, por dentro, me consumía. No dormía bien. Tenía el estómago hecho nudos. El miedo me vivía respirando en la nuca.

Cuando llegó el momento de llevarlos al jardín de infancia, sentí alivio... y culpa. Alivio porque estarían unas horas lejos de Iván. Culpa porque una parte de mí quería quedarse allí, afuera del salón, y no volver a casa.

Las veía a ellas. A las otras madres. Conversando. Riéndose. Apuradas en sus rutinas. Las veía caminar ligeras, como si no llevaran un universo entero desmoronándose sobre los hombros.

Y yo caminaba entre ellas como quien camina en otro planeta: invisible, desconectada, con el corazón apretado en un puño que nadie veía.

Me preguntaba:

¿Será que alguna de ellas también vive con miedo?

¿Será que alguien más duerme cada noche preguntándose cómo hacer para no provocar otra explosión?

Nadie lo decía. Todas parecían enteras. Y, sin embargo, algo dentro de mí gritaba en silencio. Un grito sordo, constante, ahogado en la garganta.

Ese día, caminé despacio. No porque estuviera cansada, sino porque algo dentro de mí —apenas un susurro— empezaba a recordar que merecía respirar diferente.

Aunque no lo supiera, había empezado a despertar.

Ejercicio terapéutico:

"El grito que no diste"

- Cierra los ojos, respira profundo y pregúntate:

  ¿Qué quisiste decir y no pudiste?

- ¿Qué parte de ti sigue en silencio?

- Escríbelo en una hoja sin filtros ni juicios

- Cuando termines, di esta frase en voz alta:

  "Hoy empiezo a escucharme."

Tu historia importa. Tu voz también.

Capítulo 4

El vaso que desbordó el miedo

"El miedo no se enseña, se hereda en silencio."

La cocina estaba sumida en un silencio denso, solo quebrado por el murmullo del agua hirviendo.

Lucas, con su energía inagotable, corría de un lado a otro, mientras Noah, más reservado, veía televisión en la sala.

Un movimiento brusco. Un choque accidental. Y el vaso de agua sobre la mesa cayó al suelo, estallando en mil pedazos.

El sonido del cristal al romperse fue seguido por un silencio que pesaba toneladas. Iván apareció en la puerta. Su rostro, deformado por la ira, era la señal inequívoca de la tormenta inminente.

—¡¿Qué hiciste, Lucas?! —gritó, su voz retumbando en las paredes.

Lucas se encogió, sus ojitos redondos de miedo. Yo me

interpuse entre ellos, intentando calmar la situación.

—Fue un accidente, Iván. Lucas no lo hizo a propósito.

Pero mis palabras, en lugar de apagar el fuego, avivaron su furia. Arrojó el vaso que tenía en la mano contra el suelo. Los cristales volaron.

El estruendo del cristal rompiéndose resonó como un trueno dentro de mí. Y entonces, se apoderó de mí la parálisis. De nuevo. El mismo terror antiguo que conocía demasiado bien. Ese sudor frío que empapaba la espalda. La sensación de estar atrapada, sin puertas, sin salidas.

No podía hablar. Solo sentía la sangre congelarse en las venas, como si el mundo entero se hubiera reducido a un puñado de vidrios rotos y un grito suspendido en el aire.

Ya no había dónde correr. Tenía dos hijos. No podía huir. No sabía cómo salir. Solo podía sobrevivir... en silencio.

Más tarde, mientras barría los fragmentos de vidrio, las lágrimas se mezclaban con el polvo. Cada pedazo que recogía era una punzada de realidad clavándose en mi alma.

No solo limpiaba el suelo: barría los escombros invisibles de todo lo que ya se había roto entre nosotros.

Me sentía atrapada en un ciclo interminable de miedo y dolor. Y, lo peor de todo era que mis hijos estaban atrapados conmigo.

Unas horas después, como si nada hubiera pasado, Iván se acercó a nosotros con una sonrisa en el rostro, abrazando y besando a los niños. Sus gestos cariñosos contrastaban con la violencia anterior, dejándome confundida, desorientada, atrapada en ese ciclo cruel de abuso y reconciliación.

Los abrazos pegajosos de la culpa se volvían una rutina. Una rutina que erosionaba lentamente mi confianza en mis propias percepciones. De mis propios sentimientos.

Aquella noche, no solo limpié los vidrios rotos. Limpié, en silencio, los restos de una vida que ya no volvería a ser igual.

Ejercicio terapéutico:

Respiración para liberar tensiones

Este ejercicio puede ayudarte a encontrar un momento de calma en medio del caos:

- Encuentra un lugar tranquilo y siéntate cómodamente.

- Cierra los ojos y lleva tu atención a tu respiración.

- Inhala profundamente por la nariz, contando hasta cuatro.

- Retén el aire durante cuatro segundos.

- Exhala lentamente por la boca, contando hasta seis.

- Repite este ciclo durante cinco minutos.

Con cada exhalación, imagina que liberas una capa de tensión acumulada en tu cuerpo.

Recuerda: No necesitas resolverlo todo hoy.

Solo respirar es suficiente para empezar.

Capítulo 5

La despedida inesperada

"A veces, la luz más cálida proviene de quien menos esperas."

Durante dos años, Ana fue más que una empleada en nuestra casa; se convirtió en una presencia constante y reconfortante.

Proveniente de Colombia, su calidez y dedicación trajeron orden, cariño y una ternura discreta que sanaba pequeños vacíos cotidianos.

Con una paciencia infinita, cuidaba de Lucas y Noah. Y también de mí, aunque nunca lo dijimos en voz alta.

Ana era una mujer de carácter entero. Le gustaba la organización, la disciplina, el cuidado minucioso.

Siempre me decía que quería a los niños como si fueran suyos. Sobre todo a Noah, el más pequeñito, al que ayudó a dar sus primeros pasos con manos firmes y corazón generoso.

Sin embargo, no todo era perfecto. A veces, notaba en Ana episodios de tristeza profunda. Sus ojos, que solían brillar con alegría, se nublaban sin razón aparente.

Cuando le preguntaba qué ocurría, ella sonreía con esa tristeza educada y respondía que todo estaba bien.

A veces pensaba que estaba molesta conmigo. Otras veces, que era el cansancio, la distancia de su familia, la carga del trabajo. Pero nunca supe del todo qué era lo que pesaba sobre ella.

La tarde en que todo cambió, estaba en una consulta médica. Había sido operada de apendicitis días antes, y ese día me retirarían los puntos de la cirugía.

Iván me había acompañado. Mientras esperaba en la sala, con la herida aún sensible, me dijo que iría rápido a casa a buscar algo que había olvidado.

No pasaron muchos minutos cuando sonó mi teléfono. Respondí aún sentada en la camilla, vulnerable, adolorida, esperando ser atendida.

La voz de Iván, fría y seca, me anunció:

—Tuve una discusión con Ana. Me faltó el respeto. Decidimos que lo mejor es que se vaya.

Así. Sin más.

El mundo pareció detenerse un instante. Sentí el estómago encogerse, la herida punzar.

Congelada, sin poder moverme ni pensar demasiado, asentí en silencio a todo lo que él decía. No pregunté. No dudé. No podía. La vulnerabilidad física, el dolor, el desconcierto me paralizaban. Solo quería salir de allí, llegar a casa, entender.

Cuando llegué, encontré a Ana en el suelo del pasillo. Sentada, meciéndose lentamente, abrazando sus rodillas mientras lloraba en silencio.

Fue una imagen que me atravesó. Sentí una profunda tristeza. Pero también sentí molestia. Una punzada de impaciencia y desconcierto.

Había preguntado tantas veces si algo le ocurría... y ella nunca había querido abrirse del todo. En ese momento, no pensé en ella. No vi más allá de mi propio cansancio, de mi dolor físico, de mis propias necesidades no atendidas.

Creí en Iván. Le creí sin dudar. Y acepté la partida de Ana.

Ella se fue. Sin hacer ruido. Sin explicar más. Dejando tras de sí un vacío tibio y latente.

Algo en mí quedó inquieto. Un presentimiento que entonces no pude o no quise escuchar.

Años después, cuando ya había dejado atrás esa casa, ese miedo, esa vida, Ana me contactó. Y entonces supe. Supe su verdad. Supe lo que aquella tarde se había quebrado en silencio.

Pero esa historia, esa herida aún no contada, encontraría su momento para ser dicha.

Aquella tarde, mientras veía su figura alejarse, sentí que no solo perdía a una empleada. Perdía a una mujer valiosa. Una cómplice silenciosa que, en medio de la oscuridad, había sostenido parte de mi mundo sin que yo pudiera verlo del todo.

Ejercicio terapéutico:

Respiración 4-7-8 para liberar tensiones

Este ejercicio de respiración puede ayudarte a encontrar un momento de calma en medio del caos.

- Siéntate o acuéstate en una posición cómoda.

- Cierra los ojos y lleva tu atención a tu respiración.

- Inhala profundamente por la nariz durante 4 segundos.

- Retén la respiración durante 7 segundos.

- Exhala lentamente por la boca durante 8 segundos.

- Repite este ciclo al menos cuatro veces.

Con cada inhalación, invita a tu cuerpo a confiar.

Con cada exhalación, permite que el peso que no te pertenece se disuelva.

Respirar también es resistir.

Respirar también es recordar que aún en el dolor... sigues viva.

Capítulo 6

El eco del silencio

"La verdad sobre nuestra infancia está escrita en nuestro cuerpo."

—Alice Miller

El aire dentro de la casa era denso, casi irrespirable. A simple vista todo parecía normal: los juguetes regados, los platos en el fregadero, la televisión encendida en bajo volumen. Pero, debajo de esa superficie cotidiana, algo se había fracturado.

Era como vivir en una pecera sin agua. Respirabas... pero no era vida lo que entraba en los pulmones. Sentía el cuerpo pesado, adolorido, agotado.

Un calor persistente me subía al rostro cada vez que intentaba sostener la normalidad. Mis pensamientos eran un torbellino incesante. La sensación de no poder con todo era una sombra constante sobre mis hombros.

No podía ser yo. No podía hablar con libertad. No podía moverme con naturalidad en mi propia casa. Vivía atrapada en un cuerpo que no descansaba, en una mente que no se detenía.

Desde pequeña, había aprendido que hacer y hacer era la forma de sobrevivir. Que si daba más, si me sacrificaba más, si trabajaba más, las cosas se arreglarían.

Era lo que había visto. Era lo que había creído. Así que me perdía en tareas: trabajar en la tienda, atender a los niños, limpiar la casa mientras buscábamos una nueva niñera.

Hacía, hacía, hacía... hasta olvidar que yo también necesitaba algo.
Hasta olvidar que existía.

Los niños también empezaron a cambiar. Lucas se mostraba más irritable, más impulsivo. Empujaba a Noah sin razón aparente. Gritaba cuando algo no salía como quería.

Noah, en cambio, se hacía más pequeño. Más silencioso. Se refugiaba en los rincones, se escondía en los juegos, como si quisiera desaparecer.

Sus conductas me desconcertaban. A veces pensaba que era solo su edad. Que eran travesuras normales. Pero en el fondo de mí... algo sabía. Sabía que ellos también estaban recibiendo, absorbiendo, respirando esa atmósfera cargada. Sabía que aunque fueran pequeños, ya estaban siendo tocados por algo que no se decía, pero que se sentía en cada rincón.

Yo quería protegerlos. Quería protegerme. Quería proteger la idea de familia que se deshacía lentamente frente a mis ojos. Pero vivía en un laberinto emocional donde nada tenía salida.

¿Era esto normal?
¿Era amor?
¿Era disciplina?
¿Era mi culpa?

Cada día dudaba más de mis propias certezas, como si el mismo aire de esa casa confundiera mis pensamientos.

El silencio se volvió costumbre. No era un silencio de paz. Era un silencio lleno de ecos: ecos de todo lo que no podía decirse, de todo lo que no podía llorarse, de todo lo que no podía romperse.

Ejercicio terapéutico:

El silencio que cargo

- Siéntate en un lugar tranquilo.

- Escribe libremente todo aquello que alguna vez callaste para proteger a otros.

- Escribe también lo que callaste para protegerte a ti misma.

- No te juzgues. No analices. Solo permite que tu verdad emerja.

- Luego, léelo en voz alta, si puedes, aunque sea en un susurro.

Nombrar el dolor es el primer paso para liberarlo.

Tú también mereces ser escuchada.

Incluso por ti misma.

Capítulo 7

Lo que se movía en silencio

"El abuso no empieza con golpes.
Empieza con mentiras, confusión y manipulación."

—Ramani Durvasula

El primer golpe no fue físico. Fue una herida en la mente. Iván había perfeccionado el arte de hacerme dudar de mí misma.

Cada vez que algo me incomodaba, cada vez que algo me hacía ruido, me respondía:

—Eso es tu mente enferma.
—Estás viendo fantasmas.
—Estás loca.

Al principio, me defendía. Intentaba argumentar, explicar, poner en palabras la incomodidad que sentía. Pero pronto aprendí que no importaba cuán clara fuera mi percepción: siempre terminaba sintiéndome culpable. Siempre terminaba pidiendo disculpas por sentir.

El gaslighting fue minando mi fuerza interior, como una gota constante perforando una piedra.

Mientras tanto, afuera, el país también se desmoronaba. Protestas en las calles. Escasez de alimentos. Falta de transporte.

Y adentro de casa, el encierro era aún peor. Un encierro invisible. Un encierro de silencios, de miradas evitadas, de corazones apretados.

El aire dentro de la casa era denso, casi irrespirable. Cada rincón parecía cargado de un peso invisible que nadie nombraba.

Mi cuerpo estaba en estado permanente de alerta. El pecho apretado como un puño cerrado. Las manos temblorosas al mínimo sobresalto. El rostro ardía de forma constante, como si la vergüenza y el miedo caminaran por debajo de mi piel. Mi mente no se detenía nunca. La culpa era un rumor sordo que no me dejaba descansar.

Y, aunque luchaba por mantener todo en pie, me perdía en un ciclo sin fin de hacer y hacer: trabajar en la tienda, limpiar la casa, cuidar a los niños, buscar reemplazos para la ayuda doméstica que habíamos perdido.

Hacía, hacía, hacía... como si moverme sin parar pudiera salvarnos de la tristeza. Sabía que algo estaba mal. Pero también creía, muy dentro de mí, que si me sacrificaba más, si daba más, si renunciaba más... tal vez, solo tal vez, todo mejoraría.

Los niños también empezaron a hablar el idioma del miedo. Lucas, el mayor, se volvió impulsivo, explosivo. Era como si la rabia contenida de la casa brotara en su pequeño cuerpo sin control.
Gritaba, se enojaba, exigía.

Noah, en cambio, se hizo más silencioso. Más invisible. Renunciaba a su propio deseo con tal de evitar conflictos.

Recuerdo una tarde que preparé unos cupcakes para ellos. Noah tomó uno, pero antes de probarlo, miró a Lucas y, sin dudar, ofreció el que consideraba "más bonito":

—Toma tú este, para que no te molestes.

Ese gesto, que al principio me pareció ternura, luego me desgarró por dentro. No era bondad. Era miedo. Era la semilla de un patrón que yo conocía demasiado bien: anularse para sobrevivir.

Vi en Noah mi reflejo. Vi en su necesidad de complacer el eco de mi propia infancia. Y entendí, con un nudo invisible en el estómago, que el ciclo no solo me atrapaba a mí. Se estaba extendiendo a ellos.

Cada grito, cada portazo, cada mirada helada era una lección silenciosa que los niños absorbían. Aprendían que el amor podía doler. Aprendían que la paz era algo que había que comprar con silencio. Aprendían a desaparecer un poco para que el mundo no se rompiera del todo.

Yo también aprendía. Aprendía a callarme. Aprendía a dudar de mis sentidos. Aprendía a sostener una casa que ya se había resquebrajado mucho antes de que me atreviera a verlo.

¿Era esto normal?
¿Era amor?
¿Era disciplina?
¿Era mi culpa?

Cada día dudaba más de mis certezas, como si el mismo aire contaminado que respirábamos me confundiera hasta las raíces.

El silencio en casa ya no era paz. Era el eco de todo lo que no nos atrevíamos a nombrar. Era el idioma de una herida que apenas comenzaba a abrirse.

Ejercicio terapéutico:

Reconectando con mi voz

- Cierra los ojos un momento.

- Recuerda una situación de tu vida donde dudaste de ti misma porque alguien sembró esa duda en ti.

- Escribe brevemente qué sentiste en el cuerpo en ese momento.

- Luego, en otra hoja, escribe lo que hoy, desde tu fuerza actual, te dirías a ti misma en ese instante.

Recuerda:

Tú no estabas loca.

Tu intuición nunca te abandonó.

Solo te enseñaron a desconfiar de ella.

Capítulo 8

Cuando ya no podía sostenerme

"El silencio del abuso no se mide en palabras no dichas, sino en cuerpos rotos por dentro."

— Judith Lewis Herman

El dolor no siempre entra gritando. A veces entra caminando en puntillas, instalándose en el cuerpo mientras la mente aún trata de negarlo.

No dormía bien. No comía bien. Mi cuerpo, que siempre había sido mi refugio, mi aliado, mi templo, comenzó a hablarme. No me traicionaba. Me gritaba la verdad que yo no quería ver.

Había practicado yoga durante años. Me había cuidado. Había vivido de manera saludable. Siempre había tenido una presión arterial perfecta. Pero, después de la cirugía de apendicitis, el médico me miró con preocupación:

—Tu presión está alta. Es raro en alguien como tú.

Y ahí supe, aunque aún no podía nombrarlo, que algo en

mí estaba pidiendo ser escuchado a gritos. Mi cuerpo no me fallaba. Era mi alma, hablando a través de mi piel, mi sangre, mi pulso.

Las palpitaciones se volvieron compañeras constantes. Un temblor sordo, invisible para el mundo, pero presente en cada célula.

Mis manos sudaban. La espalda se tensaba como una cuerda a punto de romperse. Mi mandíbula permanecía apretada incluso mientras dormía.

Comenzaron también las primeras señales en mi piel: mis manos se inflamaban, los dedos se enrojecían, y la piel, desgarrada, comenzaba a sangrar.

Al principio culpé a la manicurista. Pensé que tal vez el trabajo no era de buena calidad. Cambié de salón. Varias veces. Pero el problema no desapareció.

Mis manos seguían hablándome, recordándome que el dolor no podía ocultarse bajo una capa de esmalte.

Cada pensamiento sobre lo que podía estar pasando a mis espaldas me desgarraba: imaginaba risas, miradas cómplices, secretos compartidos lejos de mi alcance.

Cada vez que alguien entraba a la tienda, mi cuerpo reaccionaba como si esperara un ataque inminente: el corazón disparado, la respiración corta, el estómago revuelto. Vivía en estado de hipervigilancia.

Observaba los gestos, las miradas, las palabras no dichas. Buscaba desesperadamente alguna señal que me permitiera entender qué estaba ocurriendo.

¿Por qué mentir?
¿Por qué engañar si ya no había amor?
¿Por qué no simplemente decir la verdad y permitirme

sanar?

Me hacía estas preguntas una y otra vez, atrapada en un bucle de ansiedad y desesperanza.

Mi mundo se había cerrado tanto que ya no tenía amigas cerca. Durante años había evitado conversaciones, rechazado invitaciones, aislándome sin querer. Creía que protegía mi espacio, mi familia. Pero ahora, cuando más necesitaba una mano, me encontraba sola.

Mi mamá estaba a una hora de distancia. Pero no podía hablar con ella. Ni con mis hermanas. No podía soportar la idea de ser vista como un fracaso. De confesar que mi matrimonio, ese que había defendido tanto, no era lo que parecía. Que todo lo que había intentado construir... se estaba desmoronando.

La vergüenza me ataba la lengua. La tristeza me cerraba el pecho.

Una tarde, en un intento desesperado de reconectarme conmigo, decidí ir a una clase de yoga. Necesitaba moverme, respirar, sentir algo diferente. No conocía a la profesora. Solo sabía que necesitaba una práctica fuerte, intensa, que sacara algo de todo lo que llevaba atrapado adentro.

Pero apenas comenzamos, entendí que mi cuerpo no podía seguir el ritmo. La rigidez era brutal. La contractura interna, abrumadora.

La profesora se me acercó, me tocó ligeramente la espalda, y me preguntó en voz baja:

—¿Tienes algún problema en la columna?

Negué con la cabeza, incapaz de hablar.

En ese momento, sin entender cómo, las lágrimas comenzaron a brotar. No podía detenerlas. No podía controlarlas. Mi cuerpo lloraba todo lo que yo había estado forzando a callar.

La profesora, con una dulzura inmensa, solo me dijo:

—Todo está bien. Tómate tu tiempo. Haz la clase a tu ritmo.

Terminé la práctica entre lágrimas silenciosas. Salí de allí llorando, como quien finalmente reconoce que algo dentro de sí se ha roto hace mucho, mucho tiempo.

Seguía sosteniéndolo todo: los platos, las tareas, las rutinas, las fiestas. Pero por dentro... Por dentro me estaba rompiendo en mil fragmentos.

Y ya no sabía cuánto más podría aguantar sin caer del todo.

Ejercicio terapéutico:

Abrazar mi verdad no dicha

Este ejercicio es un acto de amor hacia ti misma.

No es para culparte.

Es para abrazar con ternura esa parte de ti que hizo todo lo que pudo para sobrevivir.

- Busca un lugar tranquilo, sin interrupciones.

- Toma dos hojas de papel.

En la primera hoja, escribe:

"Lo que sentía y me obligaba a callar"

Deja que fluyan todas las emociones que entonces no pudiste expresar.

En la segunda hoja, escribe:

"Lo que hoy me permito sentir",

Honra cada palabra, cada lágrima, cada verdad.

Recordar tu dolor no es quedarte atrapada en él.

Es darte permiso de salir al otro lado.

Más viva.

Más entera.

Más tú.

Capítulo 9

El susurro de la verdad

"Cuando una mujer empieza a sospechar, no hay argumento que la convenza, solo una verdad que la libere."

— Estela Welldon

Los recuerdos de esa etapa son difusos. Como niebla espesa.

Estaba tan nerviosa que no era capaz de sostener una idea. Ni una conversación. Ni la crianza de mis hijos.

Iván me hacía sentir que estaba loca. Y lo peor era que empecé a creérmelo.

No tenía paciencia con Lucas ni con Noah. Gritaba. Y después, cuando veía sus caritas asustadas, cuando sentía el eco de mi propio grito rebotando en las paredes, me quebraba por dentro.

Y entonces llegaba la culpa: una culpa pegajosa, fría, que me envolvía como una segunda piel. Me sentía una mala madre. Una mujer rota. Una sospechosa de su propia historia.

En medio de todo eso, Gina, aquella empleada que había entrado a formar parte de nuestra tienda, seguía allí. Ella, joven, sonriente, disponible.

Parte de mí se resistía a creer que fuera capaz de algo más que afecto. Pero, otra parte, más profunda, más silenciosa, me pedía que abriera los ojos.

Algo en mi pecho, algo que no podía callar, me susurraba: "Mira."

Yo no era una mujer celosa. No era controladora. Nunca lo había sido. Confiaba en la libertad. Confiaba en el respeto mutuo.

Por eso, al principio, no quise darle importancia a ciertas coincidencias. Pequeñas ausencias. Tardanzas justificadas. Excusas razonables.

Pero poco a poco, los hilos sueltos empezaron a formar un patrón. Cuando Gina tenía algo que hacer, casualmente Iván también desaparecía durante horas.

Al principio lo atribuía a coincidencias, a la dinámica del negocio, a los azares de la vida. Hasta que ese día se hizo demasiado evidente.

Iván me informó que al día siguiente tendría que llevar su carro al servicio. Dijo que probablemente le tomaría todo el día, que debía dejarlo en el taller.

Poco después, Gina pidió ese mismo día libre. Cuando le propuse cambiarlo por otro, su respuesta fue firme:

—No puedo. Tiene que ser ese día.

Lo mismo ocurrió con Iván. Le sugerí otra fecha, otro momento. Pero fue tajante:

—No se puede cambiar.

Era inamovible. Era inflexible.

Y en ese momento, en algún rincón profundo de mí, algo gritó. Ya no era casualidad. Ya no era imaginación. Era una certeza creciente. Una herida abierta.

Esa noche no pude dormir. La mente se llenó de imágenes dolorosas. Pensaba en ellos dos, imaginándolos riéndose a mis espaldas, burlándose de mi amor, de mi ingenuidad, de mi entrega.

Sentía la traición carcomiéndome el pecho. Sentía mi autoestima derrumbada en el suelo. Me sentía vieja. Me sentía usada. Me sentía invisible.

En medio de esa angustia, recé. No una oración perfecta. No una súplica decorosa. Recé desde las entrañas. Le pedí a Dios, al universo, a la vida misma: Muéstrame la verdad. Déjame ver. Dame una señal que no pueda negar.

A la una de la madrugada, llegó la respuesta. No fue un sueño. No fue una voz. Fue un susurro interno. Un impulso imposible de ignorar.

"Busca."

No sabía qué iba a encontrar. No sabía cómo iba a sostenerme si encontraba lo que temía. Pero supe, con una certeza que dolía, que no podía seguir ignorándolo.

Al día siguiente, me dirigí a la tienda. Sabía que había cámaras de seguridad. Sabía que allí podría haber algo que me diera respuestas.

Mi cuerpo temblaba. Mis manos sudaban. Pero mis pies avanzaban.

Iba a buscar la verdad. Aunque me rompiera. Aunque no me gustara. Aunque me cambiara para siempre.

Ejercicio terapéutico:

¿Qué veía y qué negaba?

- Toma una hoja y haz dos columnas:

- En una columna escribe:
  "Cosas que notaba, pero minimizaba."

- En la otra columna escribe:
  "Lo que sentía, pero no me atrevía a aceptar."

Este ejercicio no es para culparte.

Es para empezar a ver, sin miedo, lo que tu corazón ya sabía.

Y reconocer que a veces la supervivencia nos lleva a normalizar lo que duele.

Ponerlo en papel es dar el primer paso para salir del silencio.

Para volver a ti.

Capítulo 10

Aún sabiendo, me quedé

*"La verdad a veces libera, pero también destruye
antes de construir algo nuevo."*

— Anónimo

El día siguiente llegó cargado de una mezcla insoportable de determinación y miedo.

Sabía que las cámaras de seguridad de la tienda podían mostrarme algo. Sabía que mi corazón no me estaba mintiendo. Pero enfrentar la verdad era otra historia.

Subí a la mezanina. La computadora de la tienda me esperaba, fría y muda, como una testigo silenciosa de una historia que yo aún no había querido terminar de ver.

Me senté frente a ella. Respiré hondo. Y comencé a buscar. Las imágenes hablaban solas. Allí estaban. Gina e Iván.

Después de cerrar la tienda, cuando ya las luces se apagaban para los clientes. Riendo. Tomados de la

VENCER EL MIEDO, ABRAZAR LA VIDA

mano. Besándose. Abrazándose. Entregándose. Entre cajas. Entre mercancías. Entre lo que alguna vez fue nuestro proyecto común.

Vi cómo, después de estar con ella, él subía a su carro y regresaba a casa. Volvía como si nada. Volvía a cenar, a sonreírme, a besarme en la frente.

Vi las fechas. Vi los horarios. No era un error aislado. No era un momento de debilidad. Era una vida paralela construida meticulosamente a mis espaldas.

El dolor fue tan grande que sentí que no podía respirar. Mi cuerpo entero se tensó como una cuerda a punto de romperse. La garganta me ardía. El alma me pesaba. Sentí que algo dentro de mí, algo vital, moría en ese instante.

Recordé aquel domingo. El Día del Padre. Estábamos en casa, tranquilos. O eso creía. Sin demasiadas explicaciones, Iván dijo que debía salir un momento para hacer una diligencia.

Desapareció durante dos horas. Dos horas que ahora, viendo las imágenes, cobraban un sentido devastador. No había ido a resolver nada urgente. Había ido a verla. Había dejado atrás su casa, su familia, su promesa. Había preferido su deseo.

Reuní el poco coraje que me quedaba y lo confronté. Le hablé de las cámaras. Le dije lo que había visto. Le narré las fechas, los horarios, las imágenes.

Su primer impulso fue negar. Minimizar. Distorsionar.

—No es lo que parece —me dijo.
—Estás exagerando.
—Tú siempre ves lo que quieres ver.

Cuando vio que no podía negarlo más, hizo lo que mejor sabía hacer: el show emocional. Se arrodilló en el suelo. Se golpeó el pecho. Lloró. Gritó.

—¡Yo no soy malo! —repetía una y otra vez.
—¡Tú no entiendes lo que yo he pasado!
—¡Todo esto es culpa de tu frialdad, de tu distancia!

No había arrepentimiento genuino. Había manipulación. Había teatro. Había culpa arrojada sobre mí, como un veneno lento.

Buscando alguna forma de sostenerme, decidí llamar a su mamá. Era la única persona en quien todavía sentía que podía confiar. Le conté todo.

Su respuesta me golpeó como una segunda traición. Me pidió que no destruyera mi hogar. Que pensara en mis hijos. Que no actuara precipitadamente.

Me sugirió que pusiera algunas condiciones para seguir: dejar el celular desbloqueado, confiar más, vigilar menos. Me habló de reconstruir. De perdonar. Yo solo escuchaba, pero por dentro, sentía que me iba apagando.

Las discusiones continuaron. Día tras día. Yo, que nunca había sido una mujer desconfiada, me vi transformada en alguien que vigilaba. Que preguntaba. Que necesitaba saber cada paso, cada movimiento.

Me convertí en una mujer que no reconocía. Era desgastante vivir así. Revisando. Sospechando. Intentando atar los hilos de algo que ya se había roto.

Él seguía saliendo durante horas sin dar explicaciones claras. Decía que tenía diligencias. Que no podía atender el teléfono. Que confiara. Pero la confianza ya había muerto.

Yo, en lugar de aceptarlo, trataba desesperadamente de resucitarla.

Buscaba información. Leía libros sobre relaciones, sobre perdón, sobre infidelidad.

Algunos autores decían que un matrimonio podía reconstruirse después de una traición. Otros, que era imposible. Que algo esencial se rompía para siempre.

Yo me debatía entre ambas verdades. Y mientras lo hacía, me iba vaciando.

Cada día más triste.
Cada día más sola.
Cada día más lejos de mí misma.

Lo más doloroso no fue haberlo descubierto. Fue haber seguido ahí. Y lo más desgarrador fue que... yo me lo creía.

Empecé a odiarla. A culpar a Gina de todo. De mi ansiedad. De mis insomnios. De mi cuerpo roto. De mi alma quebrada. Como si ella fuera la raíz. Como si él no hubiera estado ahí desde el inicio. Como si yo no me hubiera abandonado a mí misma durante años.

Y entonces, un día cualquiera, en la graduación de primer grado de Lucas, mi cuerpo dijo basta. El nudo en la garganta no se pudo tragar. Y le dije, con la voz más rota que he tenido:

—¿Cuándo comenzó todo?
—¿La amas?
—Debes amarla para poner en riesgo tu familia por ella.
—Quédate con ella.

Él me gritó. Otra vez. Como siempre. Y yo, otra vez... me callé. Me quedé. Aunque ya lo sabía todo. Aunque ya había visto lo que no se puede desver. Aunque ya entendía que no era ella quien me destruía. Era él. Y era yo misma. Por seguir ahí.

Ejercicio terapéutico:

Reconocer los hilos invisibles

Haz una lista silenciosa:

- ¿Qué creencias, qué miedos, qué promesas no dichas te mantuvieron atada a situaciones que ya sabías que no eran para ti?

Míralas sin juicio.

Nombrarlas no es debilidad.

Es fuerza.

Es el primer paso para deshacer los hilos que un día ya no querrás volver a tejer.

Capítulo 11

Los fantasmas también migran

"El cuerpo grita lo que la boca calla."
— Alice Miller

Así pasaron los años. Sí, hubo discusiones. Hubo gritos. Hubo silencios violentos que llenaban la casa de un eco sordo.

Pero algo en mí ya no respondía igual. No había finales grandiosos. No había escenas de ruptura liberadora. Solo el desgaste constante. La erosión lenta de quien se apaga mientras sigue caminando.

Estaba agotada. Cansada de perseguir. De vigilar. De dudar. De sentirme culpable por dudar. Así que decidí dejar de mirar. Dejar de preguntar. Dejar de desgastarme.

Y en ese vacío, en ese hueco donde antes había sueños, apareció una nueva obsesión: irme del país. Sentía que era la única salida. La única forma de empezar de nuevo. De respirar algo distinto. De salvarme.

Él tenía unos amigos en Estados Unidos. Yo empecé a presionarlo. A soñar despierta con esa frontera emocional: Pensaba que al cruzarla, todo cambiaría. Que podría actuar. Que podría decidir. Que podría hablar.

Pero ni siquiera entonces me animaba a contar la verdad. No quería que mi mamá supiera todo lo que había pasado. No podía soportar la vergüenza de decir que mis hijos y yo habíamos vivido violencia.

Así que me la tragué una vez más. Como un veneno dulce que ya conocía. Como un pacto silencioso conmigo misma:

"Aguanta un poco más. Solo un poco más."

Antes de irnos, una noche le hablé de divorcio. Íbamos en el carro, de regreso a casa. La noche era pesada. El aire olía a encierro.

Cuando pronuncié la palabra "divorcio", él reaccionó como tantas otras veces: Aceleró. Condujo a toda velocidad. Me gritó:

—¡Si no desistes, vamos a morir!
—¡Los niños están solos!
—¡Todo va a acabar!

Cada palabra era una amenaza disfrazada de desesperación. Yo, aterrada, volví a ceder. Le dije que sí. Que seguiría con él. Pero por dentro, algo ya se había roto del todo. Lo despreciaba. Sentía su presencia como una cadena. Sentía su amor como una amenaza.

Y entonces vino la proyección: la vieja táctica de volcar sobre mí su propia culpa.

—Tú tienes a otro.

—Estás viendo a alguien.

—Ya no me quieres porque estás con otro.

Yo vivía dando explicaciones de cosas que no había hecho. Justificando mi inocencia. Rindiendo cuentas de mi pureza. Mientras él... Él nunca explicaba nada. Él no tenía que justificar su oscuridad.

Migramos. Vendimos una propiedad. Empacamos en silencio los pedazos rotos de una vida.

Primero llegamos a Miami. Después, a Houston, Texas, donde unos familiares suyos nos ofrecieron ayuda.

Yo miraba las calles amplias, los centros comerciales, los supermercados gigantes, y quería creer que todo iba a ser diferente.

Pero los fantasmas no necesitan maletas: también migran. No se quedaron atrás. No se quedaron en la casa vieja. Cruzaron la frontera conmigo. Se instalaron en un pequeño apartamento de dos habitaciones, donde los gritos rebotaban en las paredes como piedras.

Los episodios empezaron casi de inmediato. Celos. Insultos. Desconfianza. Revisaba mis mensajes. Me acusaba de tener un amante. Me exigía explicaciones por cualquier cosa.

Una vez me escuchó hablando con un ex novio —una conversación breve, casual, inofensiva— y para él fue suficiente. Me condenó. Me juzgó. Me marcó.

Desde entonces, yo vivía defendiéndome de algo que no había hecho. Y lo más cruel era que... ya no me defendía ni con fuerza. Solo intentaba sobrevivir.

Mientras tanto, yo notaba que él también hablaba con

alguien. Conversaciones largas. Secretas. A escondidas. Una voz de fondo. Una promesa: "Cuando tú estés aquí..."

Cuando lo enfrenté, golpeó la ventana con tal violencia que me paralicé. El ruido fue seco, brutal. Como un disparo que no sabías de dónde venía.

Los niños también se quedaron congelados. Con los ojos enormes. Con el miedo tatuado en sus pupilas.

Todo empeoró. Ya no era solo el miedo. Era el cuerpo que empezaba a gritar. La inflamación en mis manos, que había comenzado anteriormente, cruzó la frontera conmigo.

Mis manos se abrían en heridas, cortadas, como si cargaran el peso de todo lo que había callado. A veces sangraban. No podía cerrarlas. No podía sostener ni un cepillo de dientes sin dolor.

Mi presión arterial estaba por las nubes. Me mareaba. Me dolía la cabeza todos los días. Dormía dos, tres horas por noche. Mi sistema estaba colapsando.

Yo practicaba yoga desde hacía años. Y en ese momento, estaba estudiando para ser instructora. Pero ya no encontraba alivio. El yoga no me salvaba. La respiración no me calmaba. La meditación no me alcanzaba. Yo ya no estaba.

Me había vaciado tratando de resistir. Me había perdido tratando de salvar algo que no se podía salvar. Y aún así... me seguía quedando.

Porque a veces, el silencio interior duele menos que la caída libre hacia lo desconocido.

Ejercicio terapéutico:

Escuchar al cuerpo

Responde con sinceridad en tu diario:

- ¿Qué parte de mi cuerpo habló primero?

- ¿Qué creí que lo causaba?

- ¿Qué me estaba diciendo realmente?

- Coloca tus manos sobre la zona que más sufrió y repite en voz baja:

  "Te escucho. Ya no necesito que grites."

- Escribe una carta corta a esa parte de tu cuerpo.

  Agradécele por haber sostenido tanto.

  Prométele cuidado.

  Prométele descanso.

  Prométele una nueva vida.

Capítulo 12

El precio del silencio

"El abuso no siempre encierra a la víctima con violencia. A veces, la retiene con miedo, con dependencia, con culpa."

— Lundy Bancroft

La dinámica ya era insostenible. Pero continuaba, como una cuerda vieja que nadie se atreve a cortar.

Pasamos Navidad con unos amigos de él, y como si fuera un patrón repetido hasta el cansancio, Iván desapareció por dos horas. Asumí lo obvio: se fue a hablar con ella. La misma persona con la que llevaba meses en contacto. La misma con quien compartía conversaciones secretas, sueños, promesas.

Yo no dije nada. No hacía falta. El amor ya no estaba. Solo quedaba un muro de indiferencia y rencor.

Dentro de mí, solo deseaba una cosa: que se fuera. Que nos dejara. Que por fin nos diera paz.

Pero seguía esperando que algo externo resolviera lo que yo no me animaba a romper desde dentro. Seguía esperando que él hiciera el trabajo que yo no podía hacer. Como si una decisión ajena, una fatalidad inevitable, me librara de elegir.

En ese tiempo, empecé a trabajar en una clínica de medicina natural. Ahí conocí a Mary. Una mujer luminosa. Una amiga que, sin saberlo, empezó a recordarme quién era yo antes del miedo.

Con ella recordé que alguna vez había soñado. Que alguna vez había reído sin mirar por encima del hombro. Que alguna vez había existido otra versión de mí. Pero ni siquiera el trabajo me daba tranquilidad. Porque Iván encontró la forma de contaminarlo todo.

Empezó a tener celos de mi trabajo. Decía que yo ganaba más. Que ahora me creía superior. Que ya no lo necesitaba. Exigió que le entregara mi salario. Completo. Sin excusas. Sin preguntas. Y yo, exhausta, vencida, accedía.

Cada viernes le daba la cantidad que pedía. Ni siquiera revisaba cuentas. Solo entregaba.

Él también cambió. O tal vez solo mostró lo que siempre estuvo ahí.
Se volvió más inseguro. Más inestable.

Consiguió trabajo en una fábrica. Trabajaba de noche. Yo trabajaba de día. Nos veíamos poco. Y, en silencio, lo agradecía. Porque cada encuentro era una guerra fría. Un campo minado. Un recordatorio de lo mucho que me había perdido.

Aun así… seguía esperando que fuera él quien se fuera. Que él tomara la decisión que yo seguía postergando.

Los niños habían normalizado todo. Veían los gritos, las ausencias, los silencios feroces… y lo llamaban hogar.

Sabían que yo quería divorciarme. Y empezaban a verme como la que quería romper la familia. Como la culpable del dolor que ya existía mucho antes de que yo me atreviera a nombrarlo.

Un día cualquiera, estaba haciendo mi tablero de visión y buscaba imágenes de una vida sin dolor. De una vida donde mis hijos y yo éramos libres y felices. Donde podía respirar sin miedo.

Mientras buscaba imágenes para imprimir, usé la única computadora de la casa. WhatsApp Web estaba abierto. Ahí vi la conversación. Mensajes íntimos. Palabras de amor. Fotos. Un video de regalo de Navidad que ella, desde Colombia, le había enviado. Un ramo de dulces y flores.

"Te amo."
"Pronto estaremos juntos."

Él también le respondía:

"Te amo."
"Te espero."

El frío me invadió primero. Una ráfaga helada subiendo por mi espalda. El estómago se cerró como un puño. Las manos temblaban. Los ojos ardían. La rabia llegó después. El dolor. Y, más fuerte aún, la culpa. Por no haberme ido. Por no haberme salvado.

No dije nada. No hice una escena. Pero mi rostro hablaba por mí. Él lo notó. Se acercó como un animal herido y furioso. Empezó a acosarme.

—¿Qué viste?

—¿Revisaste algo?
—¿Qué estás pensando?

Le dije la verdad. Que había visto todo. Él lo negó. Como siempre.

—No fue nada.
—Es solo un juego.
—Déjate de estupideces.

Le dije que quería divorciarme. Que esta vez era definitivo.
Él dijo que no. Que no me lo permitiría. Tomé algunas capturas de pantalla. Pensé que eso, al menos, me daría algo de protección.

Cuando vio el teléfono en mis manos, lo arrebató y lo estrelló contra la pared. El sonido del impacto me atravesó como un disparo.

Los niños, que jugaban cerca, se paralizaron. Corrieron hacia nosotros, llorando. Suplicando:

—¡Ya no más!
—¡Por favor, ya no más!

Yo sentí que mi cuerpo cedía. Las piernas me temblaban. El miedo me recorría como una fiebre. Me sentía a punto de desmayarme.

La parálisis volvió. El terror de otras épocas. Esa sensación de no tener adónde correr.

Los vecinos escucharon los gritos. Llamaron a la policía. Cuando llegaron, encontraron un cuadro devastador: niños llorando, yo temblando, él, fingiendo inocencia.

Me pidieron que relatara lo sucedido. Que denunciara. Pero los niños se aferraron a mis piernas. Me suplicaron:

—Mami, no lo mandes a la cárcel.
—Mami, no hables.

Iván, como siempre, supo jugar su carta más sucia.

—Si hablas —dijo frente a todos—,
nos van a deportar.

No tenemos papeles. Perderemos todo. Será tu culpa.

Así que... una vez más... me callé. La policía no levantó cargos. Se fueron. Y nosotros volvimos a una casa que ya no era un hogar.

Pero el precio del silencio fue aún más alto. Los mensajes no pararon. Me escribía cosas terribles. Insultos. Amenazas. Odio puro.

Me hablaba de romper los pasaportes. De entregarme a inmigración. De hacer que nos deportaran. Me llamó perra. Desgraciada. Prostituta.

Palabras que nunca antes había pronunciado hacia mí... y que ahora usaba como cuchillos. Cada mensaje era una puñalada. Cada palabra, una herida abierta.

Y yo me preguntaba, entre lágrimas: ¿Alguna vez me quiso de verdad? ¿O solo fui el escenario donde él actuaba su propia miseria?

Y lo más cruel de todo fue entender que aquello no era el final. Que esa violencia —esa furia, ese desprecio— no era el clímax.

Era apenas el principio de un nuevo infierno.

Ejercicio terapéutico:

Reflexiona en tu cuaderno o diario:

- ¿Cuántas veces me callé para "proteger" algo que ya estaba roto?

- ¿Qué consecuencias tuvo ese silencio en mí?

- ¿Qué hubiera querido hacer si no tuviera miedo?

Cierra con esta afirmación:

"Mi silencio me protegió antes. Hoy elijo hablar para sanar."

Capítulo 13

Cuando el cuerpo ya no pudo más

"Lo que no se dice con palabras, el cuerpo lo grita en carne viva."

— Dr. Bessel van der Kolk

Yo ya no dormía. Vivía con la mandíbula apretada, los hombros duros, el estómago inflamado de tensión. Pasaba el día en modo supervivencia. A veces, ni siquiera me daba cuenta de que estaba conteniendo el aire. Todo mi cuerpo era una cuerda tensa, lista para romperse.

Había gritos. Celos. Control. Las mismas preguntas disfrazadas de otras formas. Y yo, como siempre, explicándome. Justificándome. Pidiendo permiso sin pedirlo. Intentando calmar lo que nunca se iba a calmar.

Mi mente era un enjambre de pensamientos. No encontraba tregua. El miedo se había vuelto paisaje. La tristeza, techo. La culpa, cuna.

Hasta que una noche, algo se rompió del todo. Y no fue una pelea. No fue un insulto. Fue mi cuerpo.

Era una noche cualquiera. Llevaba a los niños a un partido de fútbol en las afueras. Un lugar oscuro, alejado. El partido terminó cerca de las nueve. Yo manejaba. Cansada. Con el alma hecha ruido. Con la cabeza llena de mil voces, mil culpas, mil heridas abiertas.

La mente no me dejaba en paz:

"¿Qué estoy haciendo?"
"¿Cuánto más puedo resistir?"
"¿Cómo se sobrevive sin respirar?"

Y el cuerpo… el cuerpo ya no daba más. Los frenos fallaron. El pedal no respondió. Sentí ese segundo eterno donde sabes que algo puede terminar muy mal. Donde todo lo que amas pasa frente a tus ojos en forma de miedo.

No perdí el control. Lo tomé. Desvié el volante con fuerza, casi instintivamente, intentando evitar un desastre mayor. Y choqué contra un árbol.

Un impacto seco. Luego, un silencio denso, ensordecedor. Pero no duró mucho. El llanto de los niños me arrancó de la inconsciencia. Noah gritaba sin parar. Lucas estaba desmayado. Su brazo colgaba, torcido, frágil, como si se hubiera soltado del cuerpo.

El terror me cortó el aliento. Salí del carro como pude. Las piernas temblaban. La vista se nublaba. Un dolor punzante me atravesaba el pecho, como un clavo invisible. Pero yo no pensaba en mí. Solo en ellos. Siempre en ellos.

Afortunadamente, un conductor que pasaba por allí vio el accidente. Se detuvo. Llamó a una ambulancia. Yo apenas podía hablar. Las frases se quebraban en mi garganta. Las palabras morían antes de nacer. Cada vez que intentaba explicar lo que había pasado, la mente se apagaba.

Una enfermera se me acercó, firme, pero con ternura.

—Señora, usted tiene que atenderse. Se está quedando dormida a mitad de cada frase. Eso no es una buena señal.

Pero yo no podía pensar en mí. No tenía seguro médico. No tenía residencia legal establecida. No tenía derecho a fallar. Solo tenía miedo. Y el miedo… me había enseñado que yo siempre podía esperar.

Pedí que atendieran primero a mis hijos. Que los salvaran a ellos. Yo, como siempre, vendría después.

Lucas tenía una fractura de húmero. Noah, gracias a Dios, estaba ileso. Ellos serían trasladados. Y su padre… su padre los acompañaría.

Tuve que llamarlo. No quería. Pero no había otra opción. Cuando llegó, todo se repitió como un eco cruel. Se arrodilló. Lloró. Habló de señales. De Dios. De que todo tenía sentido ahora. De que no debía destruir la familia.

Yo lo miraba. Desde otro lugar. Desde una distancia interior tan grande que ya no sentía nada. Ni rabia. Ni tristeza. Ni esperanza. Nada.

Los médicos diagnosticaron un neumotórax traumático. Una acumulación de aire entre el pulmón y la pleura, causada por el impacto del choque. Mi pulmón derecho se había colapsado parcialmente. El aire atrapado me impedía respirar bien. Si no intervenían de inmediato, podría ser fatal.

Necesitaban una firma. Yo no podía firmar. Y otra vez... otra vez mi vida dependió de él. Firmó. No por amor. No por cuidado real. Firmó porque necesitaba seguir controlando la narrativa.

Pasé cinco días hospitalizada. Cinco días de dolor físico, sí. Pero, sobre todo, de dolor existencial. No recibí visitas. Solo él entraba. Solo él.

Una vez vino un jefe del trabajo. Quiso volver, pero no pudo. Iván se había molestado. Y en esa habitación blanca, bajo la luz fría, respirando a través de máquinas, entendí: Esto no es amor. Esto es poder. Esto es control. Esto es encierro con forma de cuidado.

Al salir del hospital, algo en mí había cambiado. No era solo el cuerpo. Era la mirada. Era la piel. Era la certeza.

Los niños ya no eran los mismos. Ahora adoraban a su papá. Todo lo que él hacía estaba bien. Era dulce. Condescendiente. Permitía todo. Había aprendido a controlar desde la seducción. Desde el premio. Desde el "papá bueno" que todo lo entendía... mientras mamá se volvía la enemiga.

Y empezó una nueva forma de violencia: la que se mete en la inocencia. La que usa voces de niños para sembrar dudas.

—Mamá, mándanos un capture.
—Mándanos una foto para ver qué estás haciendo.

Preguntas disfrazadas. Sospechas sembradas. Control con voz de niño.

Él también cambió su discurso. Ahora era la fe. La voluntad de Dios. La obediencia. La nueva cadena estaba hecha de Biblia y culpa.

Y yo… que había soñado con otra vida, que había sobrevivido a un accidente, que había vuelto a nacer entre el acero y el dolor… Yo empezaba a dudar. De mí. De mi percepción. De mi historia.

Porque ya no solo controlaba mi cuerpo. Ahora controlaba mi culpa. Controlaba a mis hijos. Controlaba mi verdad.
Y eso… eso dolía más que cualquier golpe.

Ejercicio terapéutico:

Después del impacto

Este ejercicio es para ti, que sobreviviste no solo al accidente, sino a todo lo que ya venías cargando.

1. Cierra los ojos y lleva tu mano al pecho. Respira. Visualízate justo después del choque. No como víctima, sino como mujer que eligió la vida en un segundo.

2. Ahora escribe una carta a esa versión de ti que actuó con valentía. No importa si lo hiciste temblando. Lo hiciste igual.

   Comienza con:

   "Gracias por elegir frenar el dolor con tus propias manos. Gracias por seguir."

3. Termina con esta afirmación:

   "Mi cuerpo no falló. Mi cuerpo me salvó. Hoy le devuelvo la confianza, poco a poco, sin prisa, sin culpa."

Capítulo 14

El primer paso lejos del miedo

"Salir no significa que el miedo se haya ido. Significa que decidiste que tu vida importa más que tu miedo."

— Beverly Engel

Mientras tanto, en un intento desesperado por rescatar algo de la relación, decidimos acudir a terapia familiar.

Lucas había retomado sesiones con Mirella, una psicóloga en quien siempre habíamos confiado. Planteamos algunas sesiones familiares para intentar salvar el matrimonio.

En las sesiones grupales, Iván se mostraba perfecto. Encantador. Decía que no entendía por qué teníamos problemas. Que yo era la que inventaba conflictos.

Pero en las sesiones individuales, yo sí pude abrirme con Mirella. Le hablé del control. De la falta de libertad. De mi sensación de estar en una jaula. Le confesé algo que me dolía profundamente: no disfrutaba la intimidad con él. Sentía que era obligada. Que ya no había deseo, sino resignación. Que ya no podía más.

Mirella, con mucha compasión, me dijo:

—Valeria, tienes que ser honesta.
—Habla con la verdad.
—Él puede entender si se lo dices desde el corazón.

Siguiendo su consejo, cité a Iván en un restaurante. Pensé que, al hablar con sinceridad, algo cambiaría. Pero lo que encontré fue el rostro más oscuro de su violencia. Se levantó de la mesa. Me gritó prostituta. Me acusó de acostarme con hombres frente a su casa. Me insultó como jamás lo había hecho antes.

Cuando llegamos a casa, se encerró con Noah. Y al poco rato, Noah salió llorando, gritando:

—¡Mamá, tú quieres destruir nuestra familia!
—¡A ti no te importa nada!

Mi corazón se rompió en mil pedazos. Ese día entendí que no solo estaba atrapada. Estaba en peligro. Que si no actuaba, algo mucho peor podía pasar.

Desde entonces, todo cambió. Iván dejó de ser el hombre que controlaba todo rígidamente. Pasó a ser el padre perfecto ante los ojos de los niños. Complacía todos sus deseos. No les llamaba la atención. Permitía que jugaran hasta altas horas de la noche. Que comieran lo que quisieran. No ponía reglas. No establecía límites.

Y si yo, intentando protegerlos, intentaba corregir o poner algún orden, él me señalaba delante de ellos como la bruja, como la mala. Así, poco a poco, mi figura de madre protectora se fue distorsionando a sus ojos. Y yo… yo los veía alejarse, confundidos, creyendo en un amor que no era amor, sino manipulación. Era desgarrador. Como ver cómo te arrancan algo que amas, sin que puedas hacer nada para detenerlo.

La única persona con la que podía hablar un poco era Elena. La conocí cuando empecé a trabajar en la clínica de medicina natural. Ella era terapeuta de masajes. Y, como si la vida misma me tendiera un hilo invisible, descubrimos que vivíamos en el mismo complejo de apartamentos. Jamás la había visto antes. Y sin embargo, ahora, en medio del desierto, aparecía alguien que sabía de dolor, de renacimientos, de volver a empezar.

Cuando me dio su dirección, me impactó la coincidencia. O quizás no era coincidencia. Quizás era la vida, conspirando silenciosamente a mi favor. Elena había atravesado su propia historia de abusos. Y con una voz tranquila pero firme, me dijo algo que marcó un antes y un después:

—Aquí en Estados Unidos hay líneas de ayuda para mujeres que están viviendo violencia.
—No estás sola.
—Hay lugares donde te pueden orientar, sin juzgarte.

Ese día, algo se encendió dentro de mí. Una chispa de posibilidad. Una grieta en la muralla del miedo.

Así que un 4 de julio, mientras todos celebraban la independencia, yo, temblando, entré a un Starbucks cercano a la casa, busqué el número de una línea de ayuda, y realicé una llamada anónima. Me senté en una mesa al fondo. Tomé el teléfono con las manos sudorosas. Y marqué.

Cuando la voz del otro lado respondió, las lágrimas brotaron sin permiso. Lloré. Le conté, como pude, lo que estaba viviendo. La violencia. La manipulación. El miedo. La mujer que me atendió no me juzgó. Me dijo:

—No estás sola.

—Esto no tiene nada que ver con tu inteligencia ni con tu valor como persona.

—Esto le puede pasar a mujeres brillantes, a mujeres fuertes, a mujeres buenas.

Sus palabras me desarmaron.

La mujer de la línea me orientó. Me recomendó un lugar seguro donde asesoraban a mujeres en mi situación. No daban ayuda legal, pero sí sostenían. Escuchaban. Acompañaban. Me explicó que debía ser muy cuidadosa. Que no debía llevar folletos a la casa. Que podía pedirle a alguien de confianza que los guardara.

Así que, después del trabajo, empecé a reunirme brevemente con una asesora de la organización de ayuda. Ella me entregaba folletos, orientaciones, información. Seguí su consejo: Le pedí a Elena que guardara la información por mí.

Un día, cuando iba a entregar un sobre con documentos a Elena, algo me estremeció. Los niños aparecieron caminando justo frente al edificio donde ella vivía. No venían conmigo. No sabían exactamente adónde iba. No conocían la ubicación exacta. Me dijeron que "estaban jugando en el parque". Pero algo no cuadraba. Mi instinto me gritó.

Esa noche, cuando llegamos a casa, revisé discretamente el celular de Lucas. Y allí estaba. Un mensaje que todavía guardo como una herida abierta:

"Si te preguntan algo, dile que estabas jugando en el parque."

Ese mismo mes, otra alarma sonó en mi interior. Iván había insistido en contratar un seguro de vida. A mi nombre. Sin explicaciones claras. Firmé, confiando, como tantas veces había confiado en quien no debía. Pero luego, comenzaron los comentarios velados. Macabros. Mientras me miraba fijo a los ojos, decía:

—Ahora que estás manejando, tienes que tener cuidado.
—Mira lo que te pasó la vez pasada.
—En cualquier momento te matas.

Cada palabra era un cuchillo. Cada frase, una amenaza disfrazada de advertencia. Me aterraba. No era imaginación. Era violencia psicológica explícita.

En medio de esa desolación, asistí a una sesión de constelaciones familiares. Las constelaciones son una terapia sistémica que busca revelar dinámicas ocultas en las familias. No es magia. Es mirar lo que ha permanecido invisible. Ponerle nombre al dolor.

Ese día, mientras otras mujeres compartían sus heridas, yo también pude compartir la mía. Y no estuve sola. Me abrazaron. Me escucharon. Me dijeron que había esperanza.

Ese círculo de mujeres, desconocidas y cercanas a la vez, se convirtió en mi primer sostén. Por primera vez en mucho tiempo, sentí que no estaba rota irremediablemente. Que aún había algo en mí que podía salvarse.

Después de esa constelación, algo cambió en mí. Mi voz. Mi tono. Mi energía. Cuando hablé con Iván de nuevo, ya no era la misma. No gritaba. No suplicaba. No lloraba. Simplemente le dije, desde un lugar muy firme y muy triste:

—No quiero seguir así.
—No puedo seguir así.

Y por primera vez, él no llamó a la policía. Quizá porque

sintió que ya no tenía el control. Quizá porque supo que esa decisión ya no dependía de él.

Al día siguiente, coordiné una escolta policial para recoger mis pertenencias esenciales. Pregunté a los niños si querían venir conmigo. Me dijeron que no. Mi corazón se rompió en mil pedazos. Pero no podía obligarlos. No podía salvarlos si ellos aún no querían ser salvados. Tenía que salvarme primero yo.

Frente a los oficiales, Iván montó la escena más brutal de todas. Se arrodilló en medio de la sala. Lloró. Golpeó el suelo con los puños. Y no conforme con eso, tomó de los brazos a Lucas y Noah, y los obligó también a arrodillarse junto a él. Con voz rota, entre sollozos teatrales, gritó:

—¡Miren cómo su mamá los abandona!
—¡Su mamá no nos quiere!
—¡Su mamá prefiere irse y dejarlos!

Los niños lloraban. No entendían. Sus pequeños cuerpos temblaban, atrapados en una escena que no les pertenecía. Y yo... yo tuve que endurecer mi alma en ese instante. Yo tuve que seguir caminando.

Esa noche, dormí en casa de María Laura. Llena de dolor. De tristeza. De miedo. De angustia. Pero también... con una pequeña chispa de esperanza. La esperanza de que los niños pudieran verme al día siguiente. La esperanza de que, de algún modo, todo se arreglara. La esperanza de que existiera justicia.

Sabía que aún me quedaba mucho por sanar. Mucho que reconstruir dentro de mí. Pero esa noche, en medio del llanto y la incertidumbre, sabía una cosa con certeza: Había dado el primer paso. Y eso, ya era un principio.

Al día siguiente, fui al centro de ayuda a mujeres víctimas

de violencia doméstica. Allí, con el corazón roto pero decidido, presenté mi declaración formal. Expliqué las razones de mi salida. El patrón de violencia. La manipulación. El miedo. Era el primer acto de valentía que nacía ya no del miedo... sino del amor propio.

Ejercicio terapéutico:

Agradecer el primer paso

Este ejercicio es para ti, que aunque temblaras, caminaste.

1. Recuerda:

   Piensa en el momento exacto en que decidiste salvarte.

   ¿Cuál fue? ¿Dónde estabas? ¿Qué sentiste en tu cuerpo?

2. Reconoce:

   Anota en tu diario qué pensamientos te daban miedo en ese momento, pero aún así decidiste avanzar.

3. Honra:

   Escribe una breve carta a esa versión de ti misma que dio el primer paso.

   Agradécele por su valor, aunque estuviera llena de miedo.

   Puedes comenzar con palabras como estas:

   "Querida Valeria,
   Gracias por no rendirte cuando
   todo parecía perdido.

Gracias por cuidar de ti,
incluso cuando temblabas.
Gracias por elegirte.
Prometo seguir construyendo
la vida que merecemos."

4. Cierra los ojos:

    Coloca tus manos sobre tu corazón.

    Respira hondo.

    Siente en tu pecho la semilla de amor propio
    que germinó aquel día.

    Repite en voz baja:

    "Aunque temblara, caminé.
    Y eso me hace valiente."

Capítulo 15

Libre afuera, prisionera por dentro

"Salir de la violencia física es apenas el primer paso. Salir de la violencia emocional toma mucho más tiempo."

— Dr. Steven Stosny

El primer día fuera fue como respirar aire fresco... y al mismo tiempo, inhalar un vacío insoportable. Había logrado salir. Cruzar la puerta. Escapar de la casa. Pero mi corazón... mi mente... mi cuerpo entero seguían atrapados.

Al día siguiente, fui a la policía. Llevaba en mis manos algunas grabaciones. Pruebas tímidas de un infierno que no podía narrar completo. Me derivaron a una organización de apoyo a mujeres víctimas de violencia doméstica. Allí me recibieron con palabras suaves, gestos atentos, ojos que no me juzgaban. Me orientaron. Me escucharon. Me hablaron de pasos legales, de tiempos, de procesos. Pero yo apenas podía escuchar.

Cada palabra me llegaba como a través de una neblina espesa.

Las heridas ardían como fuego, pero los trámites eran lentos como el hielo. Tuve que escribir una carta. Formal. Precisa. Narrando mi historia como si pudiera resumirse en párrafos. Me explicaron que el proceso llevaría tiempo: dos o tres meses de espera. Dos o tres meses en los que tendría que resistir sola. Dos o tres meses en los que mi alma, ya desgarrada, seguiría sangrando sin puntos de sutura.

Durante ese tiempo, no pude ver a mis hijos. Sus voces llegaban en mensajes fríos, cargados de odio que no era suyo. Insultos. Reproches. Silencios hirientes. Cada palabra, cada ausencia, era una puñalada. Yo los había parido. Los había amado. Los había cuidado. ¿Y ahora? Ahora era la enemiga. La traidora. La mala de un cuento que yo no había escrito.

Intentaba explicarme. Justificarme. Demostrarles que los amaba. Pero era como gritar en medio de un huracán. No me escuchaban. O peor aún: no podían.

Durante ese tiempo, me sostuve en terapia. Mi cuerda de vida fueron dos mujeres sabias: Mirella, la psicóloga que ya había acompañado mi historia antes, e Irene, quien me abrió las puertas de Un Curso de Milagros.

Con ellas entendí, entre lágrimas y temblores, que aunque muchas cosas que me pasaron no eran mi culpa, sí era ahora mi responsabilidad sanar. Y eso dolía. Dolía como arrancarse la piel a tiras. Dolía mirar mi reflejo y reconocer que, de alguna forma, yo también había sostenido el lugar de la víctima durante años.

Venía de una familia donde la ausencia masculina era la norma. Donde el sacrificio era el lenguaje del amor. Donde someterse era confundido con ser buena mujer.

Aceptar todo eso me aplastó al principio. Me sentía frágil. Pequeña. Como una niña perdida en un bosque sin mapas. Pero, muy adentro, en algún rincón de mí que aún resistía, una semilla empezaba a germinar: la semilla de mi autoconciencia.

Aun así, el dolor no se detenía. Cada vez que iba a un organismo a pedir ayuda, me desbordaba. Lloraba. Contaba más de la cuenta. Me derrumbaba frente a desconocidos que no sabían qué hacer con tanto dolor. Aunque tenía pruebas, no lograba avanzar con claridad. Contraté abogados. Pagué consultas. Entregué audios, capturas, evidencias. Pero todo era lento. Inmóvil. La justicia parecía dormida. Y mi desesperación, cada vez más despierta.

Mientras tanto, Iván seguía hostigándome. Amenazaba con hacerme perder el lugar donde me alojaba. Manipulaba emocionalmente a través de los niños. Y cada cierto tiempo, aparecía su verdadero discurso:

—Si no aportas lo que te comprometiste, los niños no van a tener nada que comer. Tú serás la única responsable.

No era un ruego. No era una conversación. Era una sentencia. Una condena disfrazada de deber. Y yo, todavía presa del miedo y de la culpa, cedía. Pagaba. Callaba. Me encogía. Sin darme cuenta, seguía siendo prisionera. Aunque las paredes ya no fueran de cemento. Aunque ya no viviera bajo su techo. El abuso solo había cambiado de forma.

Mirella e Irene me lo repetían con amor y firmeza:

—Valeria, físicamente saliste, pero emocionalmente sigues allí.
—Debes detenerte. Debes trabajar en ti.

—No se trata de los niños. Ellos están siendo manipulados.

—Ellos no te odian.

—Tú hiciste lo mejor que pudiste con las herramientas que tenías.

Y era cierto. Aunque ya no escuchaba sus gritos al amanecer. Aunque ya no sentía su sombra respirándome en la nuca. Todavía sentía su voz en mi cabeza. Todavía sentía su culpa en mis venas.

Salir de una casa es fácil. Salir de una cárcel interna... es otro viaje. Un viaje solitario. Un viaje oscuro. Un viaje que empieza con una sola pregunta:

¿Merezco ser libre?

Ese era mi nuevo desafío. No solo escapar del pasado. Sino reconstruirme. Volver a mí. Rescatarme de entre mis propios escombros. Ese era el verdadero renacimiento. El más doloroso. El más sagrado.

Ejercicio terapéutico:

Reconocer la trampa emocional

Este ejercicio es para ti, que sabes que la libertad física es solo el primer peldaño.

En tu diario:

- Reconoce: ¿Qué patrones de miedo y culpa continuaron después de salir físicamente?

- Observa: ¿Qué estrategias usaba Iván para mantenerme atrapada emocionalmente?

- Honra: ¿Qué pequeño acto de valor hice, aun entre el miedo, que merece ser reconocido?

Finalmente, cierra el ejercicio escribiendo en grande:

"Salir físicamente fue mi primer triunfo. Salir emocionalmente es lo que cambiará mi vida."

Capítulo 16

Amarlos en la distancia, amarme a mí

"No siempre tenemos control sobre lo que sucede, pero siempre podemos elegir sanar."

— Louise Hay

Trataba desesperadamente de proteger a mis hijos. En mi mente, creía que seguir pagándoles la escuela de fútbol, asumiendo la mitad de sus gastos, asegurándoles sus actividades... era protegerlos. Era demostrarles que yo seguía ahí, aunque ya no viviera con ellos.

Pero la realidad fue diferente. La mayoría de las veces, me quedaba esperando afuera. Sentada en el carro, esperándolos para llevarlos al fútbol, y no salían. El 90% de las veces, me quedaba sola, viendo pasar el tiempo.

Una tarde, Noah, mi hijo menor, me dijo:

—Si te acercas más, voy a llamar a la policía. Me das miedo.

Me rompió el corazón. Era como si el universo me estuviera arrebatando, uno a uno, los últimos hilos que me unían a ellos.

Mi amiga Elena, compañera de trabajo y vecina, fue mi refugio en aquellos días. Era quien me abrazaba cuando las lágrimas ya no cabían en mi pecho. Cuando el dolor parecía imposible de soportar.

Gracias a las sesiones de terapia con Marelys y con Dayrene, pude empezar a entender algo crucial: seguía sintiendo culpa.

Seguía creyendo que no había protegido a mis hijos lo suficiente. Que, al final, se había cumplido mi peor pesadilla: que vivieran únicamente bajo la influencia de su padre, lejos de mí.

En el fondo, conservaba una esperanza infantil: que Iván, tarde o temprano, se cansaría. Que su carácter explosivo los alejaría y ellos volverían. Pero eso no pasó.

Iván siguió el mismo patrón de abuso. Usaba los teléfonos de los niños para enviarme mensajes cargados de insultos, amenazas, palabras grotescas que claramente no eran suyas. Pero, cuando preguntaba, los niños se responsabilizaban de esos mensajes. Se habían convertido, sin quererlo, en portavoces de su odio.

Me perdí su primer día de clases. Me perdí cumpleaños, navidades, años nuevos. Los momentos más importantes. Y cada fecha era una herida nueva, sangrante, imposible de cerrar.

El intento de protegerme legalmente también terminó siendo un calvario. Había contratado abogados privados, desesperada por encontrar una salida rápida. Pero fue otro error que pagué caro. Los abogados no hicieron nada sustancial. Se negaban a salir de mi caso. Pedían más dinero. Prometían moverse, pero todo eran excusas y facturas.

Cuando finalmente aceptaron retirarse, ya era demasiado tarde: la ONG de apoyo a mujeres víctimas de violencia no pudo asumir mi representación legal porque el tiempo se había agotado.

Recuerdo ese día como si fuera hoy. Sentada frente a la abogada de la organización, escuchando sus palabras como si fueran cuchillos: —"Lamentablemente, ya no podemos ayudarte. Legalmente no es posible asumir un caso donde hay representación previa activa, aunque ahora se haya retirado. No hay tiempo para preparar todo adecuadamente." Lloré desconsoladamente. No podía creerlo. Había dedicado meses a preparar documentos, recopilar evidencias, rogar ayuda. Había creído que finalmente tenía un respaldo. Y una vez más, estaba sola.

Sentí que había fracasado como madre. Como mujer. Como ser humano. Me desbordé. Me perdí en mi propio dolor. Pero aun en medio de esa devastación, entendí algo: nadie más iba a venir a rescatarme. Yo tendría que hacerlo.

Con lo poco de fuerza que me quedaba, recurrí a la única opción que todavía estaba abierta: la Oficina de Relaciones Domésticas. Allí, solicité una mediación. Se envió una carta formal invitando a Iván. Sorprendentemente, aceptó.

Durante la mediación, se acordó una custodia compartida: Yo pagaría una pensión alimenticia. Podría ver a mis hijos cada quince días. Compartiríamos fechas importantes como Navidad, cumpleaños, y vacaciones.

Por un momento, creí que las cosas podrían empezar a

sanar. Pero como era de esperarse, Iván no cumplió. Comenzó a decir que los niños debían decidir si querían verme. Y los niños, confundidos, me decían: —Mamá, tu casa es muy pequeña. —Preferimos quedarnos aquí.

Yo sabía la verdad. Sabía exactamente qué estaba pasando. Iván los manipulaba emocionalmente. Les hacía sentir que, si querían estar conmigo, me estaban traicionando a él. Que su lealtad y amor debían ser probados quedándose a su lado. Les sembraba culpa. Les hacía cargar el peso de una decisión que no deberían haber tenido que tomar nunca. Y así, poco a poco, fui aprendiendo a soltar.

Vivía en un pequeño apartamento. Trabajaba catorce horas al día: en un asilo de ancianos, en un restaurante, haciendo viajes interminables en mi carro. Renuncié también a mi trabajo en la clínica de medicina natural. Un lugar donde había aprendido y crecido, pero que ya no podía sostener. El traslado era largo. Los horarios estrictos. Y mi prioridad era estar disponible, por si mis hijos, en algún momento, decidían acercarse.

Hice todo para construir una nueva vida. Buscar trabajos cerca. Manejar mi propio tiempo. Sostenerme emocional y económicamente. Pero el acceso emocional a ellos seguía cerrado. Y, aun así, algo profundo empezó a cambiar dentro de mí.

A través de las sesiones con Mirella e Irene, y también por mi propio proceso interior, empecé a sanar desde adentro. Me di cuenta de que no era culpable. Que había elegido a Iván desde mis heridas. Desde una idea distorsionada de lo que era el amor y la familia. Había creído que sostener aquel matrimonio era salvar a mis hijos. Pero había aprendido, dolorosamente, que a veces sostener también destruye.

Que el amor no es omisión. Que el amor propio no es

egoísmo. Que poner límites también es amar. Lloré muchas noches. Sentí que retrocedía. Mucha gente me decía: —¡Tanto tiempo y no avanzas! —¿Cómo puede ser que no haya cambios? Yo misma, a veces, dudaba.

Pero había algo diferente. Una semilla pequeña, persistente, viva. Dejé de sentir solo dolor. Empecé a sentir algo más: tranquilidad. Aceptación. Esperanza. Aprendí a amarlos en la distancia. A bendecirlos en silencio. A enviarles luz, aunque no quisieran recibirla.

Realicé constelaciones familiares. Y vi mi árbol: un árbol lleno de mujeres solas, de heridas ancestrales. Vi que no solo estaba sanando mi historia. Estaba rompiendo patrones de generaciones. Me sumergí en mi formación. Me certifiqué como profesora en RespiraVida Breathworks, especializada en acompañamiento del dolor crónico y emocional.

Había dejado de habitar mi cuerpo. El dolor me había desconectado de mí misma. Aprender a respirar de nuevo, aprender a sentirme, fue un renacer. Comprendí algo que nunca olvidaré: Las heridas del alma duelen tanto como las del cuerpo. Sanarlas, abrazarlas, es lo que realmente nos libera.

Durante esos meses de oscuridad, recibí un mensaje inesperado. Era Ana, la joven que había trabajado como niñera en nuestra casa años atrás. Con el corazón encogido, leí su confesión: Iván había intentado abusar de ella. Cuando se negó a sus insinuaciones, él la humilló y, en un acto de violencia disfrazada, le mordió la cara discretamente. Una forma de agresión que, tristemente, yo también conocía demasiado bien.

Recordé su tristeza. Sus silencios. Sus lágrimas contenidas. Y me invadió la culpa por no haberlo visto. Por no haber querido ver. Pero Ana no solo trajo dolor. Poco después me confesó que enfrentaba otra batalla: el cáncer. Y en medio de su propio proceso de sanación, reconstruimos un puente.

Hoy seguimos en contacto. Nos enviamos luz. Nos enviamos fuerza. Nos enviamos amor. Ana, con su generosidad intacta, sigue enviando bendiciones a mis hijos. Recordándome —y recordándoles— que el amor verdadero no guarda resentimientos. Solo caminos de regreso. Ella lucha. Ella florece. Y yo también.

Porque a través de la oscuridad más profunda, descubrí la verdad más grande: El amor no se mendiga. El amor se honra. Y empieza, siempre, por uno mismo.

Ejercicio terapéutico:

Honrar el renacimiento

Este ejercicio es para ti, que estás aprendiendo a florecer aun después de haber sido arrasada.

En tu diario:

- Reconoce: ¿Qué parte de ti aprendiste a amar en medio del dolor?

- Observa: ¿Qué decisiones tomadas en tu momento más frágil demostraron que empezaste a priorizarte?

- Honra: ¿Qué semilla nueva sembraste en tu vida, aunque pareciera que todo estaba perdido?

Finalmente, escribe en grande, como un acto de amor hacia ti misma:

"Hoy soy el árbol nuevo que florece donde otros solo vieron ruinas."

Capítulo 17

Un nuevo amor, un nuevo comienzo

"El amor verdadero no siempre entiende el idioma. Entiende el alma."

— Anónimo

Aunque Iván se había encargado de divulgar entre el pequeño grupo de personas que nos rodeaba que yo probablemente me había ido por otro hombre, ya no me importaba. Por fin había dejado de vivir bajo el peso de sus palabras. Había empezado a reconstruirme desde adentro. A notar pequeños cambios en mi forma de verme. A dejar de necesitar aprobación externa. A no apegarme al resultado, aunque doliera, aunque todo pareciera seguir igual.

Era una falsa verdad. Porque en silencio, estaban ocurriendo cambios profundos: cambios en mí, cambios en mis hijos, cambios invisibles, pero reales. Aunque no podía verlos como quería, me mantenía en contacto constante con sus profesores.

El colegio me abrió las puertas. Sabía sus calificaciones, asistía a reuniones, seguía de cerca su evolución. Era mi forma de seguir sosteniéndolos, aun a distancia.

Iván, como siempre, me culpaba de todo. Pero sus palabras ya no me herían como antes. Sabía que hablaban más de él que de mí. Sabía que yo había estado allí para mis hijos, siempre, aun cuando el mundo no pudiera verlo. Quizá mi error más grande no fue haberme ido... sino haberme olvidado de mí misma durante tanto tiempo.

Había creído que aguantarlo todo era lo correcto. Que mantener la familia unida era suficiente. Pero olvidarme de mí me convirtió en una madre que, aunque físicamente presente, estaba perdida. Perdida en sus heridas. En su dolor. En el esfuerzo constante por aparentar, por sostener, por sobrevivir.

Con el tiempo, los vínculos comenzaron a sanar lentamente. Volvieron a decirme "mamá". Volvieron a pedirme la bendición. Y esos pequeños gestos, más que cualquier palabra grandilocuente, me llenaban de esperanza.

En medio de ese proceso de sanación, algo inesperado comenzó a florecer: la música medicina. Comencé a escuchar canciones con afirmaciones positivas. Al principio, las repetía mecánicamente, como quien recita palabras ajenas, sin creer del todo en ellas. Pero seguí. Una y otra vez. Hasta que poco a poco, esas palabras comenzaron a sembrarse dentro de mí.

Empecé a sentir un amor genuino por mí misma. A sentir gratitud por lo más básico: estar viva, respirar, tener un presente imperfecto... pero mío. Una de las canciones que más me acompañó fue "Lo Siento, Perdón, Gracias, Te Amo" de Darwin Grajales. Esa melodía sencilla se volvió mi mantra. La repetía en la ducha, en el auto, mientras cocinaba o mientras lloraba.

Otra canción que se volvió refugio fue "La Paz Está Dentro de Mí", también de Darwin. La primera vez que la escuché, sentí que alguien había escrito exactamente lo que necesitaba oír. "Gran Espíritu, hazme un instrumento de tu paz..." Esa frase me abrazó en mis noches más oscuras. Me recordaba que, incluso con el corazón desgarrado, aún podía ser un canal de luz.

No pensaba en volver a amar. No estaba en mis planes. No lo buscaba. Sentía que mi vida debía enfocarse en sanar, en reconstruirme, en encontrarme. Pero la vida, una vez más, me sorprendió.

Trabajando como conductora de Uber, conocí a Mark. Era uno de esos días en los que ni siquiera me sentía bien presentada: agotada, despeinada, invisible para mí misma. Mark subió al auto. Educado. Amable. No hablaba bien mi idioma. Yo tampoco hablaba inglés con fluidez. Y sin embargo, nuestra conexión fue inmediata. Una conexión que iba más allá de las palabras. Un reconocimiento de alma a alma.

Conversamos brevemente. Me habló de su madre mayor, de que quizás necesitaría ayuda para cuidarla. Intercambiamos números de teléfono, sin ninguna intención romántica de mi parte. Mark me escribió mensajes. Intentó invitarme a salir. Yo le expliqué que trabajaba catorce horas al día. Él entendió que no era el momento. Pero no desapareció.

Una tarde, me acerqué a su casa para hablar del cuidado de su madre. Me invitó a sentarme cerca de su carro. Yo, aún desconfiada, aún tensa, acepté con cautela. Cuando intentó ayudarme a subir, me tocó suavemente los hombros. Fue un gesto mínimo. Pero mi cuerpo, lleno aún de memorias antiguas, reaccionó como un resorte.

Me aparté bruscamente. Asustada. Como si aquel toque inofensivo pudiera hacerme daño.

Mark, lejos de ofenderse, se disculpó de inmediato. Se preocupó más por mi bienestar que por su orgullo. Y hoy, cada vez que recordamos esa escena, nos reímos juntos. Él dice, con ternura en los ojos, que aquel susto fue uno de los momentos que más le marcaron: porque entendió, sin necesidad de palabras, que yo venía de un lugar donde el contacto no era seguro. Y decidió, en su corazón, que su presencia sería para mí un refugio, nunca una amenaza.

Ese respeto, esa paciencia, esa dulzura silenciosa, abrieron en mí una puerta que creía cerrada para siempre. Después de aquel primer encuentro, Mark me invitó a tomar un café. Allí, entre frases entrecortadas, miradas tímidas y silencios cómodos, comenzamos a conocernos.

Mark me contó su historia. Había sido viudo tras cuarenta años de matrimonio. Había acompañado a su esposa durante una década de enfermedad. La cuidó hasta su último suspiro, con amor, con dignidad, con lealtad absoluta. Su historia era tan diferente de la mía. Pero también era una historia de amor verdadero.

Mark, retirado del ejército, fuerte por fuera pero tierno por dentro, era en esencia un hombre que sabía cuidar. Poco a poco, sin prisas, sin máscaras, comenzamos a construir algo distinto. Algo limpio. Algo libre. Cocinábamos juntos, entre risas torpes y recetas improvisadas. Caminábamos de la mano, sin apuro. Nos acompañábamos en silencios que decían más que cualquier conversación forzada.

Cada gesto era mutuo. Cada cuidado era sincero. Cada espacio respetaba nuestra humanidad herida, pero esperanzada. Mark abrió puertas: del carro, de su casa, de su vida, de su corazón. Me enseñó que no hacía falta un idioma perfecto para hablar el lenguaje de la ternura.

Por primera vez, experimenté lo que era ser amada de manera sana, libre, respetuosa. Y supe, en ese momento, que todo el dolor, todo el proceso, todo el largo y árido camino que había recorrido... había valido la pena. Porque ahora sí, finalmente, había vuelto a casa: mi propia casa. Mi corazón. Mi renacimiento.

Ejercicio terapéutico:

Renacer en el amor sano

En tu diario, tómate un momento solo para ti.

Coloca música suave.

Quizás quieras acompañarte de la canción "Lo Siento, Perdón, Gracias, Te Amo" o "La Paz Está Dentro de Mí" de Darwin Grajales.

Respira profundo. Y escribe:

- Reconoce: ¿Qué parte de mí volvió a la vida cuando dejé de buscar aprobación afuera?

- Observa: ¿Qué lecciones me dejó el dolor sobre el verdadero significado del amor?

- Honra: ¿Qué tipo de amor merezco hoy y cómo puedo nutrirlo, protegerlo y celebrarlo?

Finalmente, cierra este espacio con esta afirmación, como un compromiso contigo misma:

"Yo no nací para sobrevivir al amor. Nací para florecer dentro de él. Y hoy elijo el amor que me honra, me ve y me cuida."

Capítulo 18

El amor siempre gana

"Quizás no pudimos elegir cómo comenzó nuestra historia. Pero sí podemos elegir cómo la seguimos escribiendo."

— Brené Brown

Un año antes, había llegado a mi vida mi perrita Chantilly. Pequeña, leal, luminosa. Ella fue mi compañera de aventuras, mi refugio silencioso en los momentos más oscuros.

Durante mucho tiempo se quedaba sola en casa, esperándome. Esperándome como quien espera el regreso de un trozo del alma. Pero ahora, con Mark, pude estar más presente para ella. Pude volver a cuidarla. A abrazarla. A verla florecer en su alegría simple. Chantilly volvió a sentirse segura. Y, sin saberlo, ella también me enseñaba a mí a confiar de nuevo en la vida.

Conocí también a Jellen, la madre de Mark. Una mujer de noventa años, fuerte como el viento y dulce como la brisa. Su espíritu era firme, pero su mirada irradiaba ternura. La conexión con ella fue instantánea. Sin esfuerzos, sin palabras complicadas. Me adoptó como una hija desde el primer encuentro. Y yo, herida aún en tantas capas de mi ser, la abracé como a una madre sabia que la vida, generosa, me regalaba en este nuevo capítulo. A su lado, aprendí que nunca es tarde para encontrar nuevas raíces. Que las familias también pueden renacer de las heridas.

Mark y yo decidimos casarnos en una ceremonia pequeña, íntima, sin grandes apariencias. Sólo amor, verdad y dos amigas del alma como testigos. Un renacer silencioso, pero cargado de sentido. Juntos comenzamos a construir una vida nueva. Una vida tejida de respeto mutuo, de apoyo incondicional, de bailes improvisados en la cocina, de risas inesperadas y también de algunas lágrimas necesarias. Sabíamos que amar no era olvidar el dolor. Era caminarlo juntos.

Mark trabajaba a una hora de casa. Yo trabajaba parcialmente como conductora de Uber, mientras ayudaba en el hogar. Nuestra vida no era perfecta. Era real. Era humana. Era nuestra. Cada desayuno compartido, cada mirada cómplice, cada silencio habitado, era una victoria secreta sobre todo el pasado.

Cuando le conté a mis hijos sobre Mark, la reacción fue difícil, como era de esperarse. Iván, como siempre, utilizó el miedo como herramienta de manipulación. Les dijo que Mark podía ser un hombre peligroso. Que los americanos eran personas enfermas. Que debían desconfiar. Que no podían quererlo ni aceptarlo. Los niños, leales, atrapados entre el amor y el miedo, comenzaron a construir barreras invisibles.

Sabía que no era contra mí. Sabía que era una defensa. Una forma de no traicionar la narrativa en la que habían sido atrapados. Así que no presioné. Amé en la distancia.

Sostuve el hilo invisible que nos unía. Y esperé.

No estaba sola. En medio de esa fragilidad, tuve grandes aliados silenciosos: Maestros y maestras del colegio que me enviaban informes, mensajes, fotografías. Compañeras de clase de los niños, madres que, en medio del dolor, se convirtieron en faros de luz.

Hubo días en que, mientras los niños se alejaban físicamente de mí, las maestras me escribían:

—"Hoy Lucas participó en clase y sonrió."
—"Hoy Noah metió un gol y lo celebró con todo el equipo."

Esos pequeños mensajes eran semillas de esperanza. Pequeños milagros cotidianos que sostenían mi alma rota. Las madres, silenciosamente, me abrazaban con gestos: Un mensaje de aliento. Una foto furtiva de un logro escolar. Un saludo cómplice en los pasillos. Gracias a ellos, aunque mis brazos estuvieran vacíos, mi corazón nunca estuvo solo del todo.

El fútbol, también, fue un puente. Ambos, Lucas y Noah, encontraron en el fútbol una razón para creer, para pertenecer, para construir nuevas certezas. Era en la cancha donde se olvidaban por un instante de los miedos sembrados. Era corriendo tras una pelota donde recuperaban la alegría.

El fútbol nos mantuvo conectados. A veces, en la distancia, recibía videos de sus partidos. O simplemente sabía que, mientras yo respiraba por ellos, ellos corrían, luchaban, vivían. El fútbol se volvió nuestro idioma secreto. Nuestro pequeño país de reencuentro.

Poco a poco, ocurrieron pequeños milagros. El día de mi cumpleaños, esperaba —como en años anteriores— pasar desapercibida. Pero esta vez, algo cambió. Noah aceptó ir a su cita médica conmigo. Lucas también. Y después, contra todo pronóstico, propusieron comer juntos.

Era la primera vez en mucho tiempo que nos sentábamos en un restaurante como familia. Yo apenas podía contener las lágrimas. Cada risa tímida, cada mirada esquiva, era un triunfo. Ellos, nerviosos, me pedían que no tomara fotos. Respeté su miedo. Respeté su proceso. Pero atesoré cada segundo en mi memoria como un regalo sagrado.

Allí, en ese momento simple y sagrado, supe: el amor siempre encuentra un camino.

Lucas, con ayuda del fútbol, la terapia y su propia fuerza interior, fue encontrando nuevas motivaciones. Empezó a fortalecer su autoestima. A confiar de nuevo. Noah, con su ternura quebradiza y su valentía silenciosa, también empezó a cambiar. Con ayuda profesional y pequeños gestos de amor, encontró en el fútbol su refugio, su escape sano. No fue fácil. No fue rápido. Pero fue real.

Hoy, los lazos se han ido fortaleciendo. Todavía hay pasos por dar. Todavía hay días de silencios incómodos. Todavía hay heridas que piden tiempo. Pero también hay abrazos espontáneos. Mensajes que no pido. Llamadas que nacen del corazón.

La semilla que sembré entre lágrimas, entre soledad, entre miedo... empieza a dar frutos. Y cada brote es un recordatorio: El amor que se da, aún cuando duele, aún cuando parece no ser visto, nunca es en vano.

Hoy, sé que la historia que no pude controlar en su inicio, la estoy reescribiendo en cada gesto, en cada paso, en cada abrazo recuperado. Y sé también que, aunque el dolor dejó cicatrices, el amor... el amor siempre gana.

Ejercicio terapéutico:

Reconectar desde el amor

Este ejercicio es para ti, que estás reconstruyendo vínculos, para ti que creíste que todo estaba perdido y aún así sigues creyendo en los pequeños milagros.

Tómate un momento de calma.

Coloca tu mano sobre tu corazón.

Respira.

Y en tu cuaderno, escribe:

- Reconoce: ¿Qué pequeño milagro ocurrió que me hizo volver a confiar en el amor?

- Observa: ¿Qué aprendí de mí misma al dejar espacio y no forzar el vínculo?

- Honra: ¿Qué deseo sembrar ahora en mi relación con quienes amo?

Finalmente, cierra este momento sagrado con esta afirmación:

"El amor que di, aún cuando dolía, no fue en vano.
Hoy florece en formas nuevas.
Y yo también florezco con él."

Capítulo 19

Palabras finales

A quienes, como yo, han sentido que el dolor no acabaría nunca:

A quienes han llorado en silencio, han tenido miedo, han perdido las fuerzas:

Quiero decirles que hay vida después del dolor.

Que uno puede reconstruirse desde las cenizas.

Que la soledad enseña.

Que el vacío también puede llenarse de algo nuevo y hermoso.

Que amar de nuevo —primero a uno mismo— es posible.

Que el amor verdadero no duele, no humilla, no controla.

El amor verdadero sana, libera, transforma.

Que, aunque a veces parezca imposible, el amor siempre gana.

Y que tu historia, igual que la mía, aún puede tener un final luminoso.

Epílogo

Cuando no puedes sola

Durante años nos enseñaron a resistir en silencio. A callar el dolor, a sonreír con el alma rota, a seguir adelante como si no pasara nada. Pero la verdad es que llega un momento en que el alma se rompe. Y cuando eso ocurre, aunque el cuerpo siga funcionando, por dentro algo esencial comienza a apagarse.

Yo venía de una historia larga de desgaste. De un ciclo de violencia que atrapaba como un lazo invisible: tensión, explosión, disculpas vacías, y otra vez el miedo disfrazado de amor. No era amor. Era control. Y aunque el primer paso de salir lo di yo, **no habría podido caminarlo sola.**

Tal vez, sin mi tribu, sin el sostén silencioso de otras mujeres, hoy no estaría aquí para contarlo.

La primera en tenderme la mano fue **Mari**, con su alma luminosa y su corazón abierto. Cuando tuve que dejar mi casa porque ya no era un lugar seguro, fue Mari quien me ofreció el refugio de su hogar. Sin preguntas. Sin condiciones. Solo amor. Su abrazo silencioso me dijo más que mil palabras: *"No estás sola. Yo te sostengo."*

Después llegó **Elena**, y en sus ojos encontré algo que creí perdido: la certeza de que era posible reconstruirse. Su historia, tan parecida a la mía, pero más adelante en el camino, me mostró que sanar no solo era posible, sino inevitable si me dejaba acompañar.

Y no fueron solo ellas. A mi alrededor empezó a tejerse una **tribu**. Una red de mujeres que entendieron que, para florecer después de la violencia, hace falta mucho más que valor: hace falta sostén. Hace falta presencia. Hace falta amor del bueno, de ese que no juzga, que no exige, que simplemente está.

Cada abrazo, cada mirada, cada palabra de aliento fue un hilo que sostuvo mi alma cuando se desgarraba. Ellas fueron mi hogar cuando no tenía uno. Ellas fueron mis raíces cuando yo ya no sabía en qué tierra estaba parada. Ellas fueron mi salvavidas en medio de una tormenta que amenazaba con tragarme entera.

Gracias a ellas comprendí una verdad profunda:

Florecer no es resistir sola.
Florecer es permitirnos caer en brazos seguros.
Es abrirnos al cuidado cuando más vulnerables nos sentimos.
Es entender que la fuerza verdadera nace en la conexión, no en el aislamiento.

Hoy sé que esas manos extendidas no solo me ayudaron a sobrevivir. **Me salvaron la vida.**

Por eso, este libro no es solo mío. Es de Mari, es de Elena, y es de cada mujer que me sostuvo cuando yo ya no podía sostenerme a mí misma. Es de todas las que entendieron que **apoyarnos unas a otras es un acto de resistencia, de sanación y de amor.**

Y tú, que me lees, tal vez también necesites recordarlo:

No tienes que hacerlo sola. No tienes que cargar con todo en silencio.Hay manos dispuestas a sostenerte. Hay almas listas para caminar a tu lado.

Tal vez ya tengas tu tribu y aún no lo sabes. Tal vez seas tribu para alguien más.

Y si aún no la encuentras, no pierdas la fe:

El amor real, el que abraza y sostiene, siempre encuentra su camino.

Así como lo encontró para mí.

Así como lo encontrará para ti.

De corazón a corazón

Gracias por llegar hasta aquí. Gracias por caminar estas páginas conmigo. Sé que no ha sido un viaje fácil.

Leer sobre el dolor, sobre las heridas abiertas y sobre el renacimiento que sigue a la oscuridad, también remueve memorias, emociones y cicatrices propias.

Este libro no fue escrito solo para contar una historia. Fue escrito como un puente. Un susurro en medio del ruido que te dice:

No estás sola. Nunca estuviste sola.

Y porque quiero acompañarte un poco más allá de las palabras, quiero ofrecerte dos regalos especiales que nacieron desde el mismo corazón con el que fue escrito este libro:

Tesoros que nacieron del dolor y la esperanza:

1.   Diario "Semillas para volver a casa"

Un cuaderno íntimo con preguntas suaves y afirmaciones para reencontrarte contigo.

2.   Calendario emocional "Siete refugios"

Siete días, siete altares cotidianos para sostenerte con gestos pequeños y amorosos.

Este libro nació de mi historia, pero también espera tu voz.

Si alguna parte de tu camino se parece al mío, si quieres compartirme tu historia, regalarme una palabra o simplemente decir: "te leí, y me sentí acompañada", estaré aquí para recibirte con gratitud.

Escríbeme a: mysynergyyoga@gmail.com

Asunto: **De corazón a corazón**

Puedes contarme lo que desees: **tu proceso, tus heridas, tus brotes de luz, tus preguntas.**

Gracias por leerme, por resistir, por florecer a tu manera.

Este libro también es tuyo.

Con amor, con honra y con profunda gratitud,

Carolina Hulett

Acerca de la autora

Carolina Hulett es escritora, profesora de movimiento consciente y acompañante en procesos de dolor crónico, trauma emocional y reconexión con la vida.

A lo largo de más de mil horas de formación académica en ciencias del movimiento, anatomía, biomecánica, respiración y meditación, ha tejido un enfoque propio: profundo, amoroso y basado en la evidencia.

Su recorrido incluye estudios especializados en lesiones, patologías, neurociencia aplicada al cuerpo y una certificación en Mindfulness y Compasión para la Salud (RespiraVida Breathworks), avalada internacionalmente.

Pero más allá de los títulos, Carolina es una mujer que eligió transformar su propio dolor en semilla de luz para otras mujeres.

Desde una mirada suave pero poderosa, acompaña a quienes han sentido que su cuerpo, su alma o su historia se rompían en algún momento, guiándolas hacia una nueva forma de habitarse: con ternura, dignidad y fuerza interior.

Su método no promete soluciones mágicas. Promete algo más real y valiente: un camino para florecer incluso en medio del dolor.

A través del movimiento funcional, la respiración

consciente y la autocompasión, Carolina invita a cada mujer a recordar que su vida no se define por sus heridas, sino por su capacidad infinita de renacer.

Este libro es el testimonio de ese renacimiento:

Una carta de amor a quienes, aún temblando, aún con miedo, eligen abrazar la vida.

A ti, mujer valiente, que cada día te enfrentas a tus temores y decides seguir adelante.

Sé que el miedo puede ser paralizante, que las dudas y las heridas del pasado a veces pesan más de lo que quisieras. Pero también sé que dentro de ti hay una fuerza inmensa, una luz que, aunque tenue en ocasiones, nunca se apaga.

Cada paso que das, cada decisión que tomas en favor de tu bienestar, es un acto de amor propio y de coraje. Abrazar la vida no significa no tener miedo, sino decidir que tu deseo de vivir plenamente es más grande que cualquier temor.

Recuerda que no estás sola. Hay redes de apoyo, personas y recursos dispuestos a acompañarte en este camino. Buscar ayuda es un signo de fortaleza, no de debilidad.

Te mereces una vida llena de paz, amor y respeto. Cada día es una nueva oportunidad para construir esa vida que anhelas.

Con todo mi cariño y admiración,

Carolina

Nunca estás sola: Recursos y ayuda

Si estás leyendo estas líneas, quiero recordarte algo muy importante:

No estás sola. Nunca estuviste sola.

Si sientes miedo, si sientes que no sabes cómo salir, hay lugares y personas que pueden acompañarte.

Aquí tienes algunos recursos que pueden ser un primer paso:

¿Cómo reconocer la violencia?

La violencia no siempre deja marcas visibles. Puede manifestarse de diversas formas:

- **Física**: empujones, golpes, restricciones físicas.
- **Psicológica o emocional**: insultos, humillaciones, amenazas, manipulación.
- **Sexual**: actos sexuales no consentidos, coerción.

- **Económica**: control del dinero, impedir que trabajes o estudies.
- **Digital**: control de tus redes sociales, mensajes ofensivos o intimidantes en línea.

Si identificas alguna de estas situaciones en tu vida, es momento de buscar apoyo.

Líneas de ayuda en Estados Unidos

- **National Domestic Violence Hotline**

  Teléfono: 1-800-799-7233

  Página web: https://www.thehotline.org/

  Disponible 24/7 en inglés y español. Puedes llamar o chatear de forma segura.

- **Love is Respect (para jóvenes y adolescentes)**

  Teléfono: 1-866-331-9474

  Página web: https://www.loveisrespect.org/

  Apoyo confidencial vía chat, texto o llamada.

- **RAINN (Red Nacional contra la Violación, Abuso e Incesto)**

  Teléfono: 1-800-656-4673

  Página web: https://www.rainn.org/

  Especialmente si has sufrido violencia sexual.

- **Women's Law**

  Información legal para mujeres en situación de violencia doméstica.

  Página web: https://www.womenslaw.org/

- **AVDA Houston (Aid to Victims of Domestic Abuse)**

  Teléfono: 713-224-9911

  Página web: https://avda-tx.org/

  (En Houston, Texas.)

México

- **Línea Nacional Contra la Violencia Familiar**: 800 911 25 11
- **Chatbot Violetta**: Disponible en WhatsApp para orientación inmediata. violenciagenero.igualdad.gob.es

España

- **Teléfono 016**: Atención gratuita y confidencial 24/7. No deja rastro en la factura.
- **WhatsApp**: 600 000 016
- **Correo electrónico**: 016-online@igualdad.gob.es
- **Chat online**: Disponible en violenciagenero.igualdad.gob.esviolenciagenero.igualdad.gob.es

Argentina

- **Línea 144**: Atención, contención y asesoramiento para mujeres en situación de violencia.
- **WhatsApp**: 11 2771 6463

Colombia

- **Línea 155**: Atención gratuita y confidencial 24/7 para mujeres víctimas de violencia.**Chile**

- **Fono de orientación 1455**: Información y apoyo para víctimas y testigos de violencia contra la mujer. minmujeryeg.gob.cl

---

Plan de seguridad

Si decides dar el paso para salir de una situación de violencia, considera:

- **Guardar documentos importantes**: identificaciones, actas, tarjetas bancarias.
- **Tener a mano números de emergencia**: de familiares, amistades y líneas de ayuda.
- **Establecer una palabra clave**: con personas de confianza para alertarles si estás en peligro.
- **Identificar lugares seguros**: a donde puedas acudir en caso de emergencia.

Redes de apoyo

Habla con alguien de confianza: una amiga, un familiar, una vecina. No guardes silencio. Buscar ayuda no es una traición ni una debilidad; es un acto de valentía y amor propio.

Lecturas recomendadas

- "Cuando el cuerpo dice no" – Dr. Gabor Maté

- "El cuerpo lleva la cuenta" – Dr. Bessel van der Kolk

- "Mujeres que corren con los lobos" – Clarissa Pinkola Estés

---

Refugios locales y apoyo

Si necesitas ayuda inmediata para encontrar un refugio seguro, la línea de The Hotline puede ubicar uno cercano a ti de forma segura y confidencial.

Recuerda:

Pedir ayuda no es una debilidad. Es un acto de amor propio.

Tu vida importa. Tu historia importa. Tú importas.

www.ingramcontent.com/pod-product-compliance
Lightning Source LLC
Chambersburg PA
CBHW030336270326
41926CB00010B/1642